AF312144

COUR DES PAIRS.

AFFAIRE
DU Cᵗᵉ DE KERGORLAY.

PROCÈS-VERBAUX.

DE L'IMPRIMERIE ROYALE.

1830.

COUR DES PAIRS.

Extrait du Procès-verbal de la séance du 13 novembre 1830.

Présidence de M. le Baron Pasquier.

M. le Président communique à la Chambre une lettre qui lui a été adressée par M. le Garde des sceaux, Ministre de la justice, et à laquelle se trouvait jointe une ordonnance du Roi portant convocation de la Cour des Pairs.

Cette lettre, et l'ordonnance qui l'accompagne, sont conçues en ces termes :

Paris, le 9 décembre 1830.

« M. LE Président,

« J'ai l'honneur de vous transmettre une ordon-
« nance du Roi, en date du 9 de ce mois, qui
« constitue la Chambre des Pairs en cour de jus-
« tice, pour statuer sur la prévention qui s'élève
« contre le sieur comte de Kergorlay et les sieurs
« de Brian, Genoude et Lubis, au sujet d'une

« lettre écrite par le premier, et insérée dans la
« *Quotidienne* et la *Gazette de France.*

« Je vous prie de vouloir bien m'accuser récep-
« tion de cet envoi.

« Agréez, M. le Président, l'assurance de ma
« haute considération.

> « *Le Garde-des-Sceaux, Ministre secrétaire-*
> « *d'État de la justice,*

> » *Signé* Dupont (de l'Eure.)

ORDONNANCE DU ROI.

« LOUIS-PHILIPPE, Roi des Français, à
« tous présens et à venir, salut.

« Considérant que le comte de Kergorlay, ex-
« Pair de France, et les sieurs de Brian, Genoude et
« Lubis, sont poursuivis comme auteur et complices
« du délit prévu par l'article 4 de la loi du 25 mars
« 1822;

« Vu l'arrêt du 5 novembre dernier par lequel
« la cour royale de Paris s'est déclarée incompétente
« pour juger le comte de Kergorlay et ses co-pré-
« venus, en se fondant sur ce que le premier n'avait
« point encore perdu sa qualité de Pair de France à
« l'époque du délit qui lui est imputé;

« Sur le rapport de notre Garde des sceaux, Ministre secrétaire d'Etat au département de la justice,

« Nous avons ordonné et ordonnons ce qui
suit :

« ART. 1er. La Cour des Pairs est convoquée.

« Les Pairs absens de Paris seront tenus de s'y
« rendre immédiatement, à moins qu'ils ne justifient
« d'un empêchement légitime.

«ART. 2. Cette Cour procédera sans délai au juge-
« ment du comte de Kergorlay, ex-Pair de France, de
«Brian, Genoude et Lubis, comme prévenus d'avoir
« publié la lettre en date du 23 septembre, signée le
« *comte de Kergorlay, Pair de France*, et insérée
« dans *la Quotidienne* du 25 septembre et dans la
« *Gazette de France* du 27 du même mois, et de
« s'être, par là, rendus coupables du délit prévu par
« l'article 4 de la loi du 25 mars 1822.

« ART. 3. Elle se conformera, pour l'instruction et
« le jugement, aux formes qui ont été suivies par elle
« jusqu'à ce jour.

« ART. 4. M. Persil, notre procureur général en
« la cour royale de Paris, remplira les fonctions de
« notre procureur général près la Cour des Pairs.

« Il sera assisté de M. Berville, premier avocat
« général en la même cour, faisant les fonctions
« d'avocat général, et chargé de remplacer le procu-
« reur général en son absence.

« ART. 5. Le garde des archives de la Chambre
« des Pairs et son adjoint rempliront les fonctions
« de greffiers près notre Cour des Pairs.

« ART. 6. Notre Président du Conseil des Mi-
« nistres et notre Garde des sceaux, Ministre Secré-
« taire d'État au département de la justice, sont

1**

« chargés, chacun en ce qui le concerne, de l'exé-
« cution de la présente ordonnance, qui sera insérée
« au Bulletin des lois.

« DONNÉ à Paris, au Palais-Royal, le 9 novembre
« 1830.

« *Signé* LOUIS-PHILIPPE.

« Par le Roi :

« *Le Garde des sceaux, Ministre Secrétaire d'État*
« *au département de la justice,*

« *Signé* DUPONT (de l'Eure).»

M. le Président expose qu'au vu de l'ordonnance
dont il vient de donner lecture, il a jugé convenable
de convoquer la Cour des Pairs en audience secrète, pour lundi prochain, à deux heures. Après
l'exposé que lui fera M. le Président, de l'affaire qui
lui est soumise, la Cour aura, dans cette audience,
à déterminer les formes suivant lesquelles elle devra
ultérieurement procéder.

Un Pair demande à faire une simple observation
sur une expression employée dans le texte de l'ordonnance dont la Chambre a entendu la lecture.
Cette expression est celle d'*ex-Pair de France,*
que l'ordonnance applique à M. le comte de Kergorlay, et qui paraît incorrecte, en ce qu'elle pré-
jugerait une question encore indécise. Le noble
Pair demande que son observation soit consignée
au procès-verbal.

M. le Président estime que l'observation qui
vient d'être faite rentrera dans la question de compétence, qui sera sans doute discutée par la Cour
des Pairs, mais qui doit l'être en comité secret et

non en séance publique. C'est ce que la Chambre a déjà jugé à l'occasion d'une lettre écrite à son Président par M. le procureur du Roi près le tribunal de première instance de la Seine, et sur laquelle elle n'a cru devoir émettre aucun avis avant d'avoir été constituée en Cour des Pairs.

L'auteur de l'observation répond que, l'ordonnance qui contient l'expression dont il a relevé l'inexactitude venant d'être lue à la Chambre, il avait cru que l'observation qui s'y rattachait pouvait être faite immédiatement.

Un Pair estime que M. le comte de Kergorlay n'étant pas au nombre des Pairs qui ont prêté serment, on peut le qualifier légalement d'*ex-Pair de France*. L'ordonnance qui le désigne ainsi porte la date du 9 novembre; elle ne préjuge donc en rien la question de savoir si M. le comte de Kergorlay avait encore la qualité de Pair lorsqu'il a écrit la lettre à raison de laquelle il est inculpée. Cette question, qui est tout entière de compétence, ne pourra être examinée que par la Cour des Pairs, ce sera l'objet d'une discussion judiciaire, mais ce ne peut être la matière d'une discussion législative. Le noble Pair demande en conséquence qu'il soit passé à l'ordre du jour.

La Chambre consultée passe à l'ordre du jour.

Signé PASQUIER, président;

Le marquis DE MORTEMART, le maréchal comte JOURDAN, le duc DE PLAISANCE, et le comte LANJUINAIS, secrétaires.

COUR DES PAIRS.

2. PROCÈS-VERBAL de l'Audience secrète du lundi 15 novembre 1330.

0.

Présidence de M. le baron PASQUIER.

L'AN mil huit cent trente, le lundi 15 novembre, à midi, la Cour se réunit en audience secrète, sur une convocation faite en vertu de l'arrêté pris par la Chambre, dans sa séance du 13 de ce mois.

M. le baron Pasquier, Président, occupe le fauteuil.

Lecture faite du procès-verbal de la séance du 13 du même mois, en ce qui concerne l'objet de la présente réunion, l'assemblée en adopte la rédaction.

Il est procédé à l'appel nominal. Cet appel fait, suivant l'usage, par ordre de réception, constate la présence de

MM.	MM.
Le baron Pasquier, Président.	Le maréchal duc de Reggio.
Le duc de Gramont.	Le marquis de Marbois.
Le duc de Valentinois.	Le marquis de Chasseloup-Laubat.
Le duc de Choiseul.	
Le duc de Broglie.	Le comte de Cornet.
Le duc de Montmorency.	Le marquis de Croix.
Le duc de La Force.	Le comte du Puy.
Le maréchal duc de Tarente.	Le marquis de Jaucourt.

MM.

Le comte Klein.
Le comte Lemercier.
Le comte de Monbadon.
Le comte Péré.
Le marquis de Sémonville.
Le comte Soulès.
Le duc de Castries.
Le duc de Brissac.
Le marquis d'Aligre.
Le duc de Caraman.
Le comte Compans.
Le comte de Durfort.
Le marquis de La Guiche.
Le comte d'Haussonville.
Le marquis de Louvois.
Le comte Molé.
Le marquis de Mathan.
Le marquis de Mun.
Le marquis de Raigecourt.
Le comte Ricard.
Le comte de Rully.
Le baron Séguier.
Le marquis de Talaru.
Le comte de Lynch.
Le marquis d'Osmond.
Le comte de Noé.
Le duc de Sabran.
Le comte de La Roche-Aymon.
Le duc de Massa.
Le duc de Dalberg.
Le duc Decazes.
Le comte Lecouteulx de Can-
  teleu.
Le comte d'Argout.
Le comte Belliard.
Le comte de Berenger.
Le comte Claparède.
Le comte Chaptal.
Le marquis de Catellan.
Le duc de Cadore.
Le comte Cornudet.

MM.

Le comte d'Arjuzon.
Le vicomte d'Houdetot.
Le baron Mounier.
Le comte Mollien
Le comte de Marescot.
Le comte de Pontécoulant.
Le comte Reille.
Le comte de Sparre.
Le maréchal duc de Trévise.
Le marquis de Talhouët.
Le vice-amiral comte Truguet.
Le vice-amiral comte Verhuell.
Le marquis d'Aramon.
Le comte de Germiny.
Le prince duc de Poix.
Le comte de Montesquiou.
Le marquis d'Aragon.
Le baron Dubreton.
Le comte Mathieu de La Re-
  dorte.
Le comte de Bastard.
Le comte Portalis.
Le comte Fabre de l'Aude.
Le duc de Praslin.
Le marquis de Vence.
Le duc de Crillon.
Le duc de Valmy.
Le baron de Beurnonville.
Le comte Siméon.
Le baron Portal.
Le comte Roy.
Le comte de Vaudreuil.
Le comte de Saint-Priest.
Le comte de Tascher.
Le comte de La Garde.
Le marquis de Mortemart.
Le maréchal comte Molitor.
Le comte de Bordessoulle.
Le comte Bourke.
Le baron de Glandevès.
Le comte Chabrol de Crousol.

MM. MM.

Le comte d'Haubersart.
Le comte de Courtarvel.
Le comte de Breteuil.
Le vicomte Lainé.
Le comte de Vogüé.
Le marquis de Coislin.
Le comte Dejean.
Le comte de Richebourg.
Le duc de Plaisance.
Le vicomte Dode.
Le vicomte Dubouchage.
Le marquis de Maleville.
Le duc de Feltre.
Le duc de Brancas.
Le comte de Sussy.
Le comte Cholet.
Le comte de Boissy-d'Anglas.
Le duc de Montébello.
Le comte Lanjuinais.

Le duc de Beaumont.
Le comte Clément-de-Ris.
Le vicomte de Ségur-Lamoignon.
Le duc d'Istrie.
Le comte Abrial.
Le marquis de Lauriston.
Le marquis de Brézé.
Le duc de Périgord.
Le comte de Sainte-Aulaire.
Le marquis de Crillon.
Le duc d'Avaray.
Le maréchal duc de Dalmatie.
Le comte Donatien de Sesmaisons.
Le duc de Richelieu.
Le comte de Sainte-Suzanne.
L'amiral baron Duperré.
Le marquis d'Aux-Lally.

Cet appel terminé, M. le Président rend compte à la Cour de diverses excuses présentées par plusieurs de MM. les Pairs, qui n'ont pu répondre à l'appel.

Ces excuses, toutes fondées sur un état de maladie régulièrement justifié ou sur des motifs de service public, sont admises par la Cour.

Les Pairs ainsi excusés, sont :

MM. MM.

Le duc de Duras.
Le prince duc de Talleyrand.
Le comte Destutt de Tracy.
Le comte de Vaubois.
Le maréchal marquis Maison.
Le duc de La Trémoille.
Le duc d'Aumont
Le maréchal duc de Bellune.
Le marquis de Castellane.

Le comte de Contades.
Le marquis de Biron.
Le baron de La Rochefoucauld.
Le vicomte de Morel-Vindé.
Le prince duc de Beauffremont.
Le comte de Choiseul-Gouffier.
Le baron de Barante.
Le comte de Laforest.

MM.	MM.
Le comte Pelet de la Lozère.	Le comte de Montalivet.
Le maréchal comte Jourdan.	Le comte du Cayla.
Le marquis de Pange.	Le marquis de Laplace.
Le comte Guilleminot.	Le marquis de Boisgelin.
Le comte de Tournon.	

Un Pair estime que ces excuses, dont quelques-unes ont été envoyées à M. le Président pour un procès autre que celui dont la Cour va s'occuper en ce moment, ne doivent cependant être admises aujourd'hui que pour le procès actuel, sauf à les reproduire et à les admettre de nouveau lors de l'ouverture des audiences pour l'autre procès, si, à cette époque, les causes d'excuses subsistent encore.

Un autre Pair demande que les noms des Pairs excusés soient proclamés en séance publique, afin qu'aucun doute ne puisse s'élever sur le motif de leur absence.

M. le Président déclare que son intention est en effet de faire connaître, lors du jugement public, le nom des Pairs excusés. Il pense également que la Cour ne peut admettre les excuses que relative-ment au procès qui lui est actuellement soumis, et c'est dans ce sens qu'il en a proposé l'admission.

M. le Président donne ensuite lecture d'un ré-quisitoire à lui adressé par le procureur général, et ainsi conçu :

« Nous procureur général du Roi près la Cour « des Pairs,

« Vu l'ordonnance du Roi en date du 9 de ce « mois par laquelle la Chambre des Pairs est con-

« voquée en cour de justice pour procédèr au juge
« ment des sieurs comte de Kergorlay, ex-Pair de
« France, de Brian, Genoude et Lubis, comme
« prévenus d'avoir publié la lettre en date du
« 23 septembre 1830, signée comte de Kergorlay,
« Pair de France, et insérée dans la *Quotidienne*
« du 25 septembre 1830, et dans la *Gazettede*
« *France* du 27 du même mois, et de s'être par là
« rendus coupables du délit prévu par l'article 4 de
« la loi du 25 mars 1822 ;

« Requérons qu'il plaise à M. le Président de la
« Cour des Pairs d'indiquer le jour auquel nous
« pourrons faire citer les sieurs comte de Kergorlay,
« de Brian, Genoude et Lubis, devant la Cour,
« pour répondre aux faits qui leur sont imputés.

« Fait à Paris, le 10 novembre 1830.

« *Signé* C. Persil. »

Cette lecture terminée, M. le Président expose que
l'affaire sur laquelle la Cour est appelée à prononcer
présente un aspect différent de celui sous lequel se
produisaient les affaires qui lui ont été précédemment
soumises. Jusqu'à ce jour les divers procès dont la
Cour a été saisie ne sont arrivés à l'audience publique
qu'après une instruction préalable et un jugement
sur la mise en accusation. Ici au contraire il ne
s'agit que d'une affaire correctionnelle pour laquelle
les lois ordinaires ouvrent au ministère public une
double voie. Il peut en effet, ou requérir l'instruction, ou citer directement les inculpés devant
le tribunal, aux termes de l'article 182 du Code

d'instruction criminelle. C'est ce dernier mode que
la simplicité de l'affaire paraissait indiquer comme le
plus convenable, c'est aussi celui que le procureur
général a jugé à propos de suivre, et comme il est
le maître de la direction à donner à ses poursuites,
il semble que la Cour n'ait autre chose à faire en
ce moment que d'indiquer un jour d'audience pour
le procès, indication qui ne serait pas nécessaire
devant les tribunaux correctionnels qui tiennent
leurs audiences à jour fixe, mais qui devient indispensable pour la Cour qui n'a pas d'audiences ré-
glées. Cependant une difficulté se présente. Les
tribunaux ont tous le droit de prononcer sur leur
compétence, mais il ne le font ordinairement que
dans les cas où cette compétence est contestée ;
la Cour des Pairs au contraire s'est fait jusqu'ici un
devoir de prononcer toujours, et par jugement séparé, sur sa compétence dans chaque affaire ; elle y
a été déterminée surtout par cette pensée que, sa
compétence n'étant définie par aucune loi précise, il
importait de la restreindre par ses arrêts dans ses vé-
ritables limites et d'empêcher que jamais sa constitution ne pût ressembler en rien à celle d'un tribunal
extraordinaire formé par le Gouvernement, à sa
volonté et suivant son intérêt. La Cour ne voudra
sans doute pas s'écarter de l'usage qu'elle a cons-
tamment suivi, mais dans quelle forme et à quel
moment rendra-t-elle ce jugement de compétence ?
Elle pourrait s'en occuper dès aujourd'hui et sans
qu'il fût besoin à cet égard d'établir une discussion
publique ; mais peut-être préférera-t-elle indiquer
dès à présent un jour auquel les parties seront assi-

gnées, et attendre à ce jour à prononcer sur la compétence avant d'entamer le jugement du fond. Ce mode aurait l'avantage de pouvoir entendre et le procureur général et les inculpés sur la question de compétence sur laquelle ils peuvent avoir des observations à présenter; c'est au surplus à la Cour à choisir entre ces deux modes.

Un Pair demande s'il ne conviendrait pas avant tout de donner lecture à la Cour des pièces du procès.

M. le Président observe qu'il n'a entre les mains que la lettre qui fait l'objet du procès, l'ordonnance du Roi et le réquisitoire. Cette dernière pièce a déjà été lue ; il est prêt à faire donner lecture des deux autres, si cette lecture est réclamée.

Un Pair estime qu'en ce moment toute lecture de pièces est inutile; la seule question en effet est de savoir à quelle époque et dans quelle forme sera rendu le jugement de compétence : or la lecture des pièces ne donnerait à cet égard aucune indication utile. Quant à lui, son opinion est que, la question intéressant et le ministère public et les inculpés, il est nécessaire de les entendre avant de prononcer.

Un autre Pair appuie cette opinion. Il observe que si dans les affaires de grand criminel, dont elle a été précédemment saisie, la Cour avait eu besoin d'ordonner une instruction pour éclaircir les faits, elle est aujourd'hui dispensée de ce soin, et par la simplicité de l'affaire et par l'option qu'a faite le procureur général entre les deux modes de procéder que la loi autorise. Dans cet état, il semble qu'il

n'y ait rien à faire que d'indiquer au procureur général le jour qu'il demande. A ce jour, la Cour
statuera d'abord sur la compétence et ensuite sur
le fond ; mais aujourd'hui, elle ne peut s'occuper
utilement ni de l'un ni de l'autre ; et si quelque
lecture de pièces était ordonnée, ce ne pourrait être
que celle de l'ordonnance du Roi qui, quoique déjà
connue par la lecture faite à la Chambre dans sa
dernière séance, n'a pas encore été officiellement
communiquée à la Cour.

Un troisième opinant estime que toute la question se réduit à savoir si la Cour entend ou non
persister dans son usage constant de rendre un
arrêt de compétence avant d'arriver au jugement
du fond ; or aucun doute ne semble devoir s'élever
à cet égard. Devant la juridiction ordinaire, on
conçoit que par cela même que l'on procède devant
les juges communs à tous, la question de compétence ne s'agite que sur la provocation des parties.
Mais il n'en peut être ainsi devant la Cour des
Pairs, dont la compétence est nécessairement res-
treinte à certains cas et à certaines personnes ; aussi
jusqu'ici elle a toujours prononcé séparément sur sa
compétence. Si, comme le noble Pair le demande,
elle veut encore en user de même, elle doit se bor-
ner à indiquer jour pour statuer sur sa compétence.

Un quatrième opinant estime que s'il s'élève ici
quelque embarras, il tient uniquement au mode
de procéder nouveau que le procureur général a
cru devoir adopter. Si la forme usitée jusqu'à ce
jour eût été suivie, le moment de statuer sur la
compétence se serait naturellement présenté le jour

où la Cour aurait statué sur l'instruction préliminaire; mais le procès se présentant par voie de citation directe, il faut trouver un autre moment pour
statuer sur la compétence. Le noble Pair estime
qu'il n'y a aucun inconvénient à prononcer à cet
égard immédiatement avant le jugement du fond.
Il demande donc que l'indication du jour soit pure
et simple, et que seulement au jour indiqué, avant
d'ouvrir le débat sur le fond, la Cour se retire
en la Chambre du conseil, pour délibérer sur la
compétence.

Le noble Pair qui le premier avait demandé la lecture des pièces estime que la discussion qui s'engage a
produit tout le résultat qu'on pouvait en attendre.
Il est bien reconnu maintenant que la Cour doit
avant tout statuer sur sa compétence; il est évident
aussi qu'elle ne le peut qu'après avoir entendu les
observations des parties, si elles en ont à faire. La
Cour est donc maintenant en mesure d'indiquer
un jour; mais il n'en est pas moins nécessaire qu'elle
connaisse d'une manière officielle l'ordonnance qui
la constitue, et le noble Pair insiste pour qu'il en
soit donné lecture.

M. le Président fait en conséquence donner lecture de l'ordonnance du Roi du 7 novembre; elle
est ainsi conçue :

ORDONNANCE DU ROI.

» LOUIS-PHILIPPE, Roi des Français, à
tousprésens et àvenir, s alut.

« Considérant que le comte de Kergorlay, ex-

Pair de France, et les sieurs de Brian, Genoude et Lubis, sont poursuivis comme auteur et complices du délit prévu par l'article 4 de la loi du 25 mars 1822 ;

« Vu l'arrêt du 5 novembre dernier par lequel la cour royale de Paris s'est déclarée incompétente pour juger le comte de Kergorlay et ses co-prévenus, en se fondant sur ce que le premier n'avait point encore perdu sa qualité de Pair de France à l'époque du délit qui lui est imputé ;

« Sur le rapport de notre Garde des sceaux, Ministre secrétaire d'État au département de la justice,

« Nous avons ordonné et ordonnons ce qui suit :

« Art. 1.ᵉʳ La Cour des Pairs est convoquée.

« Les Pairs absens de Paris seront tenus de s'y rendre immédiatement, à moins qu'ils ne justifient d'un empêchement légitime.

« Art. 2. Cette Cour procédera sans délai au jugement du comte de Kergorlay, ex-pair de France, de Brian, Genoude et Lubis, comme prévenus d'avoir publié la lettre en date du 23 septembre, signée *le comte de Kergorlay, Pair de France*, et insérée dans *la Quotidienne* du 25 septembre, et dans la *Gazette de France* du 27 du même mois, et de s'être, par là, rendus coupables du délit prévu par l'article 4 de la loi du 25 mars 1822.

« ART. 3. Elle se conformera, pour l'instruction et le jugement aux formes qui ont été suivies par elle jusqu'à ce jour.

« ART. 4. M. Persil, notre procureur général en la cour royale de Paris, remplira les fonctions de notre procureur général près la cour des Pairs.

« Il sera assisté de M. Berville, premier avocat général en la même cour, faisant les fonctions d'avocat général, et chargé de remplacer le procureur général en son absence.

« ART. 5. Le garde-des-archives de la Chambre des Pairs et son adjoint rempliront les fonctions de greffiers près notre Cour des Pairs.

« ART. 6. Notre Président du Conseil des Ministres et notre Garde des sceaux, Ministre secrétaire-d'État au département de la justice, sont chargés, chacun en ce qui le concerne, de l'exécution de la présente ordonnance, qui sera insérée au Bulletin des lois.

« DONNÉ à Paris, au Palais-Royal, le 9 novembre 1830.

« *Signé* LOUIS-PHILIPPE.

« Par le Roi :

« *Le Garde des sceaux, Ministre Secrétaire d'État au département de la justice,*

« *Signé* DUPONT (de l'Eure). »

2

Un Pair demande que si l'on ne juge pas à propos de donner en ce moment lecture de la lettre qui fait l'objet du procès, au moins elle soit imprimée et distribuée à MM. les Pairs, afin qu'ils puissent être à même d'en apprécier le véritable caractère.

Un autre Pair observe qu'il y aurait peut-être quelque inconvénient à reproduire, par la voie de l'impression, une pièce dont la publication est précisément l'objet de la poursuite.

Un troisième estime que cette réimpression faite uniquement pour les Pairs, et dans la vue de leur faciliter l'intelligence des discussions sur lesquelles ils auront à prononcer, ne peut présenter que des avantages.

Un Pair demande que l'on imprime en même temps, et l'arrêt de la cour royale sur la compétence, et le réquisitoire du ministère public, et même l'ordonnance rendue par la chambre du conseil, afin que chacun de MM. les Pairs puisse trouver dans ces documens les motifs qui ont été donnés dans un sens et dans l'autre sur la question de compétence.

La Cour décide que ces diverses pièces seront imprimées.

Aucune autre observation n'étant faite, M. le Président propose à la Cour de rédiger, en ces termes, la disposition qu'elle va prendre pour indiquer au procureur général le jour qu'il demande :

« La Cour, vu l'ordonnance du Roi en date du 9 novembre présent mois ;

« Vu le réquisitoire du procureur général en

date du 10 du même mois; ledit réquisitoire ainsi conçu :

« Nous procureur général du Roi près la Cour
« des Pairs,

« Vu l'ordonnance du Roi en date du 9 de ce
« mois par laquelle la Chambre des Pairs est con-
« voquée en cour de justice pour procéder au juge-
« ment des sieurs comte de Kergorlay, ex-Pair de
« France, de Brian, Genoude et Lubis, comme
« prévenus d'avoir publié la lettre en date du
« 23 septembre 1830, signée comte de Kergorlay,
« Pair de France, et insérée dans la *Quotidienne*
« du 25 septembre 1830, et dans la *Gazette de*
« *France* du 27 du même mois, et de s'être par là
« rendus coupables du délit prévu par l'article 4 de
« la loi du 25 mars 1822;

« Requérons qu'il plaise à M. le Président des
« la Cour des Pairs indiquer le jour auquel nous
« pourrons faire citer les sieurs comte de Kergorlay,
« de Brian, Genoude et Lubis, devant la Cour,
« pour répondre aux faits qui leur sont imputés.

« Fait à Paris, le 10 novembre 1830.

« *Signé* C. Persil. »

« Après en avoir délibéré.

« Ordonne qu'elle se réunira en audience publique
le lundi 22 de ce mois, à midi; auquel jour le
comte de Kergorlay, de Brian, Genoude et Lubis
seront cités, à la requête du procureur général, à
comparaître devant la Cour. »

2**

Cette disposition , ainsi rédigée, est adoptée par la Cour.

L'audience est levée.

Signé PASQUIER, président ;

CAUCHY, Greffier.

COUR DES PAIRS.

SÉANCE secrète, préliminaire à la séance publique du 22 novembre 1830.

Présidence de M. le baron PASQUIER.

L'AN mil huit cent trente, le lundi 22 novembre à midi, la Cour se réunit en la chambre du conseil, en vertu de la convocation faite sur l'ordre de M. le Président.

M. le baron Pasquier, Président, occupe le fauteuil.

Lecture faite du procès-verbal de la séance secrète du 15 de ce mois, l'assemblée en adopte la redaction.

M. le Président annonce d'abord que M. le duc de Dalmatie, présent à la séance, demande à se retirer et à ne pas participer au jugement, à raison des devoirs pressans que lui impose le ministère de la guerre, dont il est chargé.

Cette excuse est admise par la Cour, et M. le duc de Dalmatie se retire.

M. le Président expose ensuite qu'il a réuni la Cour en chambre du conseil avant d'entrer à l'audience publique, afin que la Cour pût se rendre en corps et avec plus de solennité à la salle d'audience. Il a desiré, de plus, avoir ainsi l'occasion de rappeler au souvenir de la Cour le mode de procéder qui lui semble devoir résulter des résolutions prises et des discussions établies dans le cours de la dernière séance. D'après ce qui en est rapporté au procès-verbal, dont la Cour vient d'entendre la lecture, il lui semble que la marche qu'il doit suivre est, immédiatement après l'interrogatoire nécessaire pour constater l'identité des inculpés, d'annoncer que, suivant l'usage constant de la Cour, elle va se retirer en la chambre du conseil pour prononcer sur sa compétence, et de demander auparavant si le ministère public et les inculpés ont quelques observations à faire sur cette compétence. Ces observations entendues, s'il y a lieu, la Cour se retirerait en la chambre du conseil.

Un Pair estime qu'au lieu de provoquer ouvertement les observations du ministère public et des inculpés sur la compétence, ce qui semblerait indiquer qu'elle serait l'objet d'un doute de la part de la Cour, il serait préférable de demander seulement s'ils ont quelques questions préjudicielles à proposer; ce qui arriverait au même but, sans soulever une question qui peut être ne s'élèvera pas de leur part.

M. le Président observe que les questions préjudicielles peuvent être de plusieurs espèces; qu'il peut y en avoir qui tiennent au fond même de l'affaire et sur lesquelles la Chambre ne doit être appelée à prononcer qu'après qu'elle se sera déclarée compétente; il persiste donc à penser que c'est sur la compétence seulement que le ministère public et la

défense doivent être mis à même de s'expliquer.
. Peut-être cependant, un autre mode de procéder
pourrait-il encore être suivi : il consisterait à faire
expliquer en même temps le ministère public et les
défenseurs, tant au fond que sur la compétence,
afin de prononcer sur le tout après les plaidoiries
terminées, mais en faisant connaître que la Cour
n'entend pas se départir du droit de prononcer par
arrêt distinct sur sa compétence, la prononciation
de cet arrêt étant seulement remise au moment qui
précédera l'arrêt sur le fond, afin d'éviter une perte
de temps, et sans compromettre le droit de la Cour.

Un Pair estime qu'il n'est pas nécessaire de reproduire les principes sur lesquels la Cour s'est
fondée pour établir, par ses précédens arrêts, qu'à
elle seule appartenait le droit de se saisir, et qu'elle
était toujours libre d'apprécier si les attributions qui
lui étaient faites par les ordonnances qui la constituent étaient régulières et devaient être maintenues.
La seule question est de savoir dans quelle forme ce
droit sera aujourd'hui exercé, et s'il convient qu'une
interpellation spéciale soit adressée au ministère
public et aux défenseurs, à l'effet de s'expliquer sur
la compétence. A cet égard, le noble Pair pense
qu'une pareille interpellation ne serait nécessaire
que si l'inculpé était dépourvu de défenseurs éclairés.
La justice exigerait peut-être qu'on vînt alors à son
secours; mais ici la défense est assez habile pour
qu'aucun moyen ne lui échappe, et peut-être y au-
rait-il quelque inconvénient à provoquer une discussion sur laquelle la Cour doit prononcer si elle
s'élève, mais qu'elle doit au moins attendre.

Un second opinant observe que deux questions se présentent en ce moment, l'une de savoir si l'on séparera le jugement sur la compétence, du jugement du fond, l'autre de savoir si les défenseurs et le ministère public seront spécialement provoqués à s'expliquer sur la compétence. Un seul mot semble résoudre la première question, c'est qu'en joignant la question de compétence à la question du fond, on perd précisément le seul avantage que présente la distinction des deux jugemens, qui est de dispenser la Cour d'entendre les débats au fond d'une affaire qu'elle ne jugerait pas devoir retenir; il convient donc de juger la compétence avant même d'ouvrir la discussion au fond. Quant à la seconde question, si les parties étaient en position de décliner elles-mêmes la compétence de la Cour, toute interpellation serait inutile, et leur intérêt évident suffirait pour les engager à prendre la parole; mais ici, et le ministère public et les inculpés demandent que la Cour reste juge de l'affaire. Ce ne serait donc que d'office qu'elle pourrait se déclarer incompétente, et comme, à cet égard, la question peut n'être pas sans gravité, il est utile que les observations de ceux qui soutiennent la compétence soient demandées, afin que si la Cour en jugeait autrement, elle ne pût être accusée d'avoir jugé sans entendre.

Le noble Pair qui le premier a demandé que l'on provoquât seulement à s'expliquer sur les questions préjudicielles sans indiquer spécialement la question de compétence, insiste pour que cette marche soit en effet suivie. Il lui semble qu'en provoquant des explications sur la compétence, on n'arrivera pas plus directement au but. Si en effet les deux parties sont d'accord pour reconnaître la compétence, elle ne diront rien, et la Cour aura seulement indiqué par là qu'elle doutait elle-même de sa compétence, ce qui peut avoir quelques inconvéniens. Jamais d'ailleurs la Cour n'a suivi la marche qu'on lui propose, et c'est une raison de plus en faveur de l'opinion du noble Pair.

Un troisième opinant observe que si jamais la Cour n'a procédé ainsi qu'on lui propose de le faire, c'est que jusqu'à présent elle n'avait jamais statué sur sa compétence après débat public; c'était toujours avant de renvoyer à l'audience qu'elle prononçait sur ce point. On ne peut donc pas dire qu'elle soit liée à cet égard par aucuns précédens. Du reste, le noble Pair est loin de proposer de revenir sur ce que la Cour a jusqu'ici établi. Il est sage, il est nécessaire que la Cour des Pairs prononce toujours sur sa compétence, afin de ne pas se laisser saisir, malgré elle, d'un procès dont la connaissance ne devrait pas lui appartenir : mais est-il également nécessaire que cet arrêt distinct soit rendu avant même l'ouverture des débats sur le fond? c'est sur quoi des doutes sérieux peuvent s'élever. Il n'est pas impossible en effet, lorsque la compétence résulte non de la personne mais de la nature du fait, qu'il y ait nécessité d'entendre les débats pour prononcer sur la compétence. Ici, à la vérité, il n'en est pas ainsi, la compétence résultant de la qualité de la personne; mais la question qui s'élève à cet égard peut donner lieu à des discussions assez délicates, et sur lesquelles l'examen des faits et des dates ne serait pas sans influence. Il serait donc à desirer que les parties fussent entendues ; et comme il peut y avoir quelque inconvénient à les provoquer, ce qui indiquerait de la part de la Cour un doute qu'elle ne doit pas manifester, peut-être serait-il préférable, sous ce rapport, de réserver le jugement de la compétence pour le prononcer immédiatement avant le jugement du fond, mais après le débat. Si au surplus on pensait qu'il y a lieu de juger la compétence sur-le-champ, il vaudrait mieux, dans l'opinion du noble Pair, ne provoquer à cet égard les explications qu'en termes généraux, et parler seulement des questions préjudicielles, sans indiquer spécialement la question de compétence.

Un quatrième opinant convient qu'en effet la Cour n'est pas tellement liée par ses précédens, qu'elle ne puisse jamais s'en écarter. L'arrêt de 1821, souvent cité en cette matière, n'est pas et ne peut pas être un arrêt de réglement, mais il pose seulement un principe dont la vérité a toujours été reconnue et qu'il importe de proclamer chaque fois que l'occasion s'en présente : c'est que la Cour des Pairs ne peut être saisie malgré elle du jugement d'un procès ; que c'est toujours à elle qu'il appartient de décider si l'affaire est réellement de sa compétence. Cette décision préliminaire, qu'elle a toujours cru devoir rendre, n'empêche pas au surplus que si l'affaire change de face au débat, si cette compétence apparente vient à s'évanouir par une plus complète appréciation des faits, la Cour ne puisse renvoyer en définitive devant d'autres juges une affaire dont elle se serait d'abord saisie ; mais ce qu'il importe de maintenir, c'est qu'elle est arbitre souveraine de cette compétence apparente, et qu'on ne peut, contre son gré, la constituer juge d'affaires qui ne la concerneraient pas. C'est ce principe si important pour la dignité de la Cour et pour la bonne administration de la justice qu'il s'agit de consacrer encore aujourd'hui ; et que l'on ne s'y trompe pas, ce principe ne recevra aucune atteinte de ce que la compétence sera jugée après une première discussion en public. Cette innovation dans la forme tient à ce que la Cour est saisie sans instruction préalable et par voie de citation directe, ce qui exclut toute délibération préparatoire ; mais le mode qu'a proposé M. le Président maintient le principe ; il montre même, ce qui est important à constater, que le consentement seul des parties ne suffit pas pour saisir la Cour comme il suffirait devant un tribunal ayant la plénitude de la juridiction. Le noble Pair estime en résumé qu'il y a lieu de provoquer des explications, non sur toutes les questions préjudicielles dont plusieurs deviendraient superflues si la question de compétence venait à être décidée négativement, mais sur la seule question de compétence.

Un cinquième opinant observe qu'ici la question de compétence est tout entière dans la qualité de la personne inculpée ; si cette qualité n'était sujette à aucune controverse, la délibération sur la compétence serait inutile, et la Cour des Pairs serait saisie de droit, puisqu'il s'agirait de juger un Pair de France ; mais des doutes s'élèvent dans quelques esprits sur cette qualité même ; un jugement est donc nécessaire. D'un autre côté, joindre cet incident au fond, ce serait en quelque sorte le préjuger ; il y a donc lieu de statuer à cet égard avant d'ouvrir la discussion sur le fond même du procès : mais puisqu'il ne s'agit que de la qualité seule, pourquoi n'interpellerait-on pas les défenseurs et le ministère public de s'expliquer spécialement sur cette qualité ?

Un des préopinans déclare qu'il ne pense pas, quoi qu'on en ait dit tout-à-l'heure, que la Cour, après avoir une première fois jugé sa compétence, puisse revenir ensuite sur ce qu'elle aurait jugé. Une fois qu'elle se sera déclarée compétente, quelle que soit ensuite l'impression qui pourra résulter des débats au fond, son arrêt devra subsister, et c'est pour cela même qu'il est important qu'il ne soit rendu qu'après que les parties auront été entendues. Quant à la forme dans laquelle leurs explications doivent être provoquées, le noble Pair persiste à penser qu'il est préférable de n'indiquer que les questions préjudicielles sans parler spécialement de la compétence.

Celui des préopinans à l'avis duquel il vient d'être fait allusion, déclare qu'il a été mal saisi ; son intention n'a jamais été de soutenir que la compétence, une fois jugée après débats contradictoires, puisse encore être remise en question. Il n'a parlé que du cas où la Cour prononçait à cet égard en chambre du conseil, et en même temps qu'elle statuait sur la mise en prévention. Aujourd'hui que l'arrêt doit être rendu après discussion, il sera nécessairement définitif. Quant au mode à suivre pour provoquer cette discussion, le plus direct semble le meilleur, et le noble Pair ne voit aucun inconvénient à indiquer que les observations, s'il y en a à faire, doivent porter sur la compétence, ou, ce qui revient au même dans l'espèce, sur la qualité du principal inculpé ; mais il croit que la simple indication des questions préjudicielles ne serait pas assez explicite.

Les voix étant recueillies, la Cour décide que la marche proposée par M. le Président, à l'ouverture de la discussion, sera suivie, et qu'en conséquence il sera demandé aux parties, avant de rentrer en la chambre du conseil, si elles ont des observations à faire sur la compétence.

Aucun autre objet n'étant en délibération, l'audience secrète est levée, et la Cour se rend à l'audience publique.

Signé PASQUIER, président.

CAUCHY, Greffier.

COUR DES PAIRS.

Procès-verbal de la Délibération sur la compétence.

Présidence de M. le baron Pasquier.

L'an mil huit cent trente, le lundi 22 novembre, à midi, la Cour se réunit en la chambre du conseil pour délibérer sur sa compétence.

Un Pair obtient la parole : il déclare que dans son opinion ce n'est pas comme cour de justice, mais comme assemblée politique que la Chambre est compétente pour prononcer sur l'affaire qui lui est en ce moment soumise. Le comte de Kergorlay, au moment où il a écrit la lettre qui fait l'objet du procès, avait incontestablement le droit de se présenter à la Chambre, et de lui dire, pour motiver son refus de serment, tout ce que contient la lettre. S'il en eût agi de la sorte, il eût pu être rappelé à l'ordre et censuré même par la Chambre ; mais dans aucun cas il n'aurait été traduit en jugement pour un discours prononcé à la tribune, et la publication de ce discours dans les journaux ne pouvait non-plus donner lieu à aucune action judiciaire. A la vérité, au lieu de s'expliquer à la tribune, il a consigné ses motifs dans une lettre, et cette lettre, malgré son desir formellement exprimé, malgré l'usage suivi à l'égard de plusieurs autres lettres semblables, n'a point été lue en séance. Mais le droit est le même, et la publicité donnée à cette lettre ne peut entraîner d'autres conséquences que celles qu'aurait eues la publication d'un discours. C'est toujours l'opinion d'un Pair, et la prérogative de la Chambre est méconnue si cette opinion peut devenir l'objet d'une poursuite judiciaire, si la Chambre n'en reste pas seule juge comme assemblée politique. Le noble Pair demande donc qu'au lieu de suivre le procès dans les formes judiciaires, la Chambre renvoie l'examen de la lettre, et des mesures auxquelles elle peut donner lieu, à une commission qui lui fera son rapport en séance ordinaire, après avoir entendu les explications du comte de Kergorlay, s'il croit devoir en présenter.

M. le Président croit devoir faire remarquer à la Cour que s'il a été lu à la Chambre plusieurs lettres contenant de la part des Pairs explication des motifs qui les déterminaient à ne pas prêter le serment, c'est que ces lettres ne contenaient aucune protestation contre les actes de la Chambre. La seule lecture de la lettre qui fait l'objet du procès démontre qu'elle porte au contraire au plus haut point le caractère d'une protestation, et dès-lors la lecture en était interdite par le réglement même de la Chambre, que son Président ne pouvait se permettre d'enfreindre, et auquel des convenances, que la Cour appréciera facilement, lui prescrivaient de s'attacher avec plus de force encore dans cette circonstance.

Un Pair observe qu'il ne s'agit pas d'apprécier en ce moment la résolution prise par M. le Président de ne pas donner lecture de la lettre. Cette résolution, qui se justifie d'ailleurs par le texte même de cette lettre, ne saurait devenir ici l'objet d'aucune délibération. La question est de savoir si la lettre écrite par le comte de Kergorlay, et publiée par lui dans les journaux, doit être considérée comme une opinion prononcée à la tribune et réservée à la seule censure de la Chambre, ou comme une publication ordinaire soumise à la responsabilité judiciaire. Or, il est de principe que l'immunité de la tribune ne s'applique qu'aux paroles qui y sont prononcées. Lors de la discussion des lois sur cette matière, il a été formellement expliqué qu'elle ne s'étendait pas aux opinions que les membres des deux Chambres voudraient faire imprimer sans les avoir prononcées, et l'on a même été jusqu'à soutenir que la prononciation des paroles à la tribune n'affranchissait pas de la responsabilité leur publication postérieure par la voie de l'impression ou des journaux, le privilége de la tribune se renfermant dans l'enceinte même de l'assemblée. Quoi qu'il en soit de cette doctrine, l'immunité ne saurait être ici réclamée, puisqu'il ne s'agit point de paroles prononcées à la tribune, mais d'une lettre publiée dans les journaux, d'un véritable article politique qui reste soumis, comme toute autre publication, à l'action judiciaire, si les expressions qu'il contient y donnent prise.

M. le Président observe que cette discussion, comme toute autre, trouvera naturellement sa place dans le tour d'opinions qui doit avoir lieu sur la question de compétence. Il propose en conséquence à la Cour de commencer immédiatement ce tour d'opinions.

Cette proposition étant adoptée, les opinions sont immédiatement recueillies sur la question de compétence.

Un des opinans observe que le délit ne réside pas dans la lettre, mais dans sa publication; c'est donc au moment où cette publication a eu lieu qu'il faut rechercher quelle était la qualité du comte de Kergorlay, puisque c'est de l'appréciation de cette qualité que dépend la compétence. Or, par le refus de serment, le comte de Kergorlay a cessé d'être Pair, et ce refus, constaté par sa lettre, est antérieur à la publication. A la vérité, la loi lui accordait un délai plus étendu, mais il y a renoncé, et son refus lui a ôté le droit de se prévaloir des prérogatives attachées à la Pairie. Lorsque plus tard il a publié sa lettre, il n'avait plus aucun caractère qui lui donnât le droit d'être jugé par la Cour des Pairs; il était redevenu justiciable des tribunaux ordinaires. La Cour des Pairs est donc incompétente pour prononcer sur le délit qui lui est imputé.

Un autre opinant estime au contraire que la qualité de Pair appartenait encore au comte de Kergorlay au moment de la publication de la lettre, et que, par conséquent, la Cour, est compétente. La loi, en effet, n'a pas attaché la déchéance au refus de serment, mais à la non prestation de sermen dans le délai qu'elle a déterminé. Tant que ce délai n'était pas expiré, le Pair, qui avait d'abord refusé, pouvait revenir sur son refus, et son droit subsistait tout entier. La publication, quoique postérieure au refus, est antérieure à l'expiration du délai. Le délit, s'il en existe un, a donc été commis dans un temps où le comte de Kergorlay était encore investi de toutes les prérogatives de la Pairie. Il a donc le droit d'être jugé par la Cour des Pairs.

Un troisième opinant ajoute que les lois rigoureuses s'appliquent toujours dans le sens le plus restreint ; or ce serait évidemment étendre la disposition de la loi du 31 août, que de faire remonter la déchéance qu'elle prononce au jour du refus de serment, lorsqu'elle ne s'applique qu'à l'expiration du délai. Le noble Pair estime donc que la Cour est compétente.

Un quatrième opinant estime que la question soumise en ce moment à la délibération de la Cour se divise réellement en deux questions distinctes, l'une générale et applicable à tous les Pairs qui n'ont pas prêté le serment, l'autre spéciale au comte de Kergorlay. La première consiste à savoir quels sont précisément les effets de la déchéance portée par la loi du 31 août ; celui qui n'a pas prêté le serment conserve-t-il encore la Pairie et n'est-il privé que du droit de siéger, ou bien cesse-t-il réellement d'être Pair ? Cette question générale a été renvoyée à une commission, et il est peut-être à regretter que cette commission n'ait pas encore fait son rapport, et que la Chambre n'ait pas été mise à même de prononcer. Quoi qu'il en soit au

surplus, cette question, que le noble Pair n'hésite-
rait pas à décider dans le sens de la déchéance absolue, peut être laissée de côté sans inconvénient
grave. Quant à celle qui concerne spécialement le
comte de Kergorlay, et qui porte sur sa qualité au
moment de la publication de la lettre, l'opinant
s'arrête à la pensée qu'à ce moment le comte de
Kergorlay avait cessé d'être Pair. Si en effet la loi
a laissé aux Pairs un délai d'un mois pour délibérer
sur le parti qu'ils avaient à prendre, cela n'empêche
pas que celui dont la conscience s'est trouvée suffisamment éclairée pour ne pas attendre l'expiration
de ce délai, ne soit lié par la déclaration qu'il a
faite, et l'on ne voit pas sous quel prétexte on pourrait l'admettre à revenir contre une détermination
qui apparemment n'aura été prise qu'avec maturité.
Ainsi, à dater du jour de son refus, le comte de
Kergorlay a cessé d'être Pair; il ne l'était donc plus
au moment de la publication, et la Cour est incompétente.

Un cinquième opinant observe que si la commission à laquelle ont été renvoyées les questions relatives au refus de serment n'a pas encore fait son
rapport, un de ses motifs a été de ne rien préjuger
sur une question qui devait être soumise à la délibération de la Cour; l'avis du noble Pair est au
surplus que, quels que soient au fond les effets de
la déchéance, elle n'a pu être encourue que par l'expiration du délai fixé dans la loi. La compétence de
la Cour est donc certaine.

Un sixième opinant déclare qu'il adopte d'autant

plus volontiers l'opinion qui tend à regarder la Cour comme compétente, qu'il ne pense pas qu'il appartienne, dans aucun cas, à un Pair de se démettre de sa Pairie, et que c'est par la force seule de la loi qu'ici la déchéance peut être encourue.

Un septième opinant embrasse la même opinion, à raison de la conviction où il est que, malgré la déchéance du droit de siéger, la qualité de Pair appartient toujours aux membres de la Chambre qui ont refusé le serment, et qu'ils demeurent par conséquent justiciables de la Cour des Pairs.

Les voix ayant été reprises et comptées dans un second tour d'opinions, la Cour se déclare compétente.

M. le Président soumet en conséquence à la délibération de la Cour un projet d'arrêt ayant pour but de reconnaître la compétence.

Ce projet est ainsi conçu :

« La Cour des Pairs,

« Vu l'ordonnance du Roi, en date du 9 de ce « mois, portant convocation de la Cour, à l'effet de « procéder au jugement des sieurs comte de Kergor- « lay, de Brian, Genoude et Lubis, comme prévenus « d'avoir publié la lettre en date du 23 septembre, « signée *le comte de Kergorlay, Pair de France*, « insérée dans la *Quotidienne* du 25 septembre, « et dans la *Gazette de France* du 27 du même « mois ;

« Vu l'arrêt de la Cour en date du 15 de ce
« mois ;

« Le procureur général et les défenseurs enten-
« dus ;

« Après en avoir délibéré :

« Considérant que si par suite du défaut de pres-
« tation de serment dans le délai prescrit par la loi
« du 31 août dernier, le comte de Kergorlay se
« trouve aujourd'hui personnellement déchu du droit
« de siéger dans la Chambre des Pairs, la publica-
« tion qui fait l'objet du procès est antérieure à
« l'expiration dudit délai ; que, par conséquent, à
« l'époque de ladite publication, le comte de Ker-
« gorlay était encore investi de toutes les préro-
« gativ esattachées à la Pairie ;

« Considérant que c'est à l'époque où le délit a
« été commis qu'il faut se reporter pour apprécier
« la compétence ; et qu'à cette époque le comte de
« Kergorlay, en sa qualité de Pair, avait incontes-
« tablement le droit de n'être jugé que par la Cour
« des Pairs,

« Se déclare compétente, et ordonne qu'il sera
« passé outre au jugement du fond. »

Un Pair demande qu'aux mots *était encore investi
de toutes les prérogatives attachées à la Pairie,* on
substitue ceux-ci : *était encore Pair de France,* qui
expriment la même idée, mais d'une manière plus
simple, et sans paraître présenter comme un privilége des droits inhérens à la constitution de la Pai-

rie, et indispensables pour l'exercice des devoirs qui lui sont imposés.

Cette substitution est adoptée par la Cour, qui adopte ensuite la rédaction de l'arrêt ainsi modifié.

Aucun autre objet n'étant en délibération, l'audience secrète est levée, et la Cour quitte la chambre du conseil pour se rendre à l'audience publique.

Signé PASQUIER, président;

CAUCHY, Greffier.

COUR DES PAIRS.

**Audiences secrètes des 23 et 24 novembre.
— Délibération au fond.**

Présidence de M. le baron Pasquier.

L'an mil huit cent trente, le mardi 23 novembre, à midi, la Cour se réunit en audience secrète, dans la salle ordinaire de ses séances, pour délibérer sur le procès dont les débats ont eu lieu devant elle à l'audience publique d'hier.

Avant d'ouvrir la délibération, M. le Président expose qu'il a reçu de M. le comte d'Argout une lettre qui devait être remise avant l'ouverture de l'audience d'hier, mais qui, par le résultat d'une erreur, n'est parvenue que pendant le cours de cette audience, et trop tard pour qu'elle pût être communiquée à la Cour. Dans cette lettre, M. le comte d'Argout annonce que des occupations multipliées et pressantes, comme Ministre de la marine, l'empêcheront d'assister aux débats de ce procès, et il prie la Cour de vouloir bien admettre son excuse.

Un Pair estime qu'en principe la qualité de Ministre ne doit pas être un motif pour les Pairs qui en sont revêtus de s'abstenir du jugement des procès soumis à la Cour des Pairs, et alors même que dans

certains cas la Cour pourrait, dans l'intérêt du service de l'État, autoriser un Ministre à s'absenter,
toujours est-il nécessaire que le Ministre qui réclame
cette faculté se présente lui-même pour exposer ses
motifs, et pour mettre la Cour à même de prononcer.

M. le Président observe que déjà plusieurs fois
la question a été agitée dans les délibérations de la
Cour, et qu'elle a toujours été résolue dans le sens
qui vient d'être exposé. Dans l'affaire d'Espagne,
en effet, les Ministres ont siégé, et dans une affaire
plus ancienne s'ils se sont abstenus, c'est qu'ils
étaient eux-mêmes chargés de soutenir l'accusation
et se trouvaient ainsi parties au procès. Mais ici il ne
s'agit pas de décider en principe, mais seulement
d'admettre une excuse que les circonstances parti-
culières semblent justifier d'une manière suffisante,
et que la Cour a en quelque sorte préjugée en admet-
tant l'excuse analogue présentée par M. le duc de
Dalmatie.

Un Pair estime qu'il faut en effet distinguer entre
le principe et l'application qui peut en être faite à
la question actuelle. En principe, la qualité de Ministre ne doit pas être un motif de s'abstenir; et la
part qu'on peut avoir, en qualité de membre du Gouvernement, dans une poursuite intentée au nom
de ce Gouvernement, n'exclut pas la liberté d'esprit
nécessaire pour demeurer juge. S'il en était autrement, l'opinant et un autre de ses collègues devraient se retirer, puisqu'ils étaient Ministres au
moment où le procès a commencé; mais le noble Pair
est assuré que cette circonstance n'influera en rien
sur son jugement, et il croit pouvoir, en toute cons-

cience, continuer de prendre part au procès. Que si du principe on passe à son application, il faut bien reconnaître que, dans certains cas, la qualité même de Ministre, et la part prise en cette qualité à la poursuite, peuvent gêner la conscience, et dans ce cas le Ministre qui réclame la faculté de s'abstenir, peut, sans inconvénient, être cru sur sa déclaration, comme il peut l'être aussi lorsqu'il expose que des occupations nécessaires lui font un devoir de ne pas siéger. Dans tous les cas, c'est à la Cour à statuer; mais si elle admet l'excuse, elle ne doit le faire qu'en maintenant le principe général.

Un autre Pair observe que le déport d'un juge doit être présenté par lui-même, en personne et non par lettre, sans quoi la délibération de la Cour serait entièrement inutile. C'est ce qui arrivera nécessairement aujourd'hui, puisque M. le comte d'Argout n'a point assisté hier aux débats, et ne pourrait être juge quand même son déport serait rejeté. Mais il n'en est pas moins indispensable que la Cour délibère, afin qu'à l'avenir chacun sache qu'il doit se présenter, et ne pas préjuger par son absence la décision de la Cour.

M. le Président annonce qu'il va soumettre à la délibération de la Cour l'excuse proposée par M. le comte d'Argout.

Les voix recueillies sur ce point, la Cour admet le déport proposé par M. le comte d'Argout, mais sans tirer à conséquence pour l'avenir.

M. le Président expose qu'avant de poser les questions sur lesquelles devra porter au fond la délibération de la Cour, il est nécessaire de former le tableau des voix qui doivent se confondre à raison de la parenté ou de l'alliance de plusieurs Pairs entre eux.

Ce tableau, pour les membres présens, est arrêté ainsi qu'il suit :

Frères......... {	1. Duc de Crillon. — Marquis de Crillon.
	2. Comte de Ségur.—Vicomte de Ségur-Lamoignon.
Oncle et neveu. =	3. Comte Siméon. — Comte Portalis.

Beaux - pères et gendres. {	4. Comte de Sainte-Aulaire. — Duc Decazes.
	5. Marquis de Marbois. —Duc de Plaisance.
	6. Comte Roy. — Marquis de Talhouet.
	7. Maréchal Duc de Tarente.—Duc de Massa.
	8. Marquis de Semonville.—Comte de Sparre.
	9. Duc de Doudeauville. — Marquis de Rastignac.

Beaux-frères, dont l'un a épousé la sœur de l'autre. {	10. Duc de Maillé. — Duc de Fitz-James.
	11. Comte d'Haussonville.— Marquis de la Guiche.
	12. Comte de Breteuil. — Duc de Praslin.
	13. Duc de Montmorency. — Marquis de Morte-mart.
	14. Marquis de Talhouet. — Comte Lecouteulx.
	15. Duc de Crillon. — Marquis de Mortemart.
	16. Marquis d'Aligre. — Marquis de Boissy du Coudray.

Ce tableau ainsi arrêté, M. le Président rappelle à la Cour que, suivant l'usage suivi par elle dans toutes les affaires dont elle a été saisie, la majorité ne peut se former contre les prévenus, soit sur la question de culpabilité, soit sur l'application de la peine qu'aux cinq huitièmes des voix.

M. le Président expose ensuite l'ordre dans lequel les questions lui paraissent devoir être posées. La première de toutes semble être celle qui résulte de l'ordonnance de renvoi devant la Cour des Pairs, et qui tendrait à faire considérer la lettre incriminée comme contenant le délit d'excitation à la haine, et au mépris du Gouvernement du Roi, prévu par l'article 4 de la loi du 25 mars 1822. Cette question résolue, la Cour aura à s'occuper de celles qui résultent des réquisitions du ministère public, et qui ont pour objet l'offense à la personne du Roi, l'attaque contre son autorité constitutionnelle, et la provocation à la désobéissance aux lois. Après s'être fixée sur ces quatre questions, et dans le cas d'une solution affirmative sur l'une ou plusieurs d'entre elles, la Cour aura à déterminer la peine; c'est du moins dans cet ordre que M. le Président estime que doit avoir lieu, à l'égard de chacun des prévenus, la délibération de la Cour.

Un Pair se demande si le nombre des questions et la forme dans laquelle elles sont posées répondent bien à la nature de l'affaire, telle qu'elle semblait d'abord se présenter devant la Cour. Aux termes de l'ordonnance de renvoi, un seul délit était imputé aux prévenus; une seule question paraissait devoir être soumise à la Cour, et cependant trois autres questions nouvelles sont annoncées. Elles sont posées comme elles le seraient devant un jury, tandis que la Cour, d'après le titre même de la prévention, ne semblait devoir procéder que comme tribunal de police correctionnelle. Le noble Pair estime que cette manière de procéder n'est pas celle qu'il conviendrait d'adopter, et, à son avis, toute la question devrait se réduire à savoir s'il y a lieu d'appliquer l'article 4 de la loi du 25 mars 1822.

Un autre Pair observe que quelle que soit la juridiction devant laquelle une affaire est renvoyée, aux assises, comme au tribunal de police correctionnelle, la manière de poser les questions est toujours la même, sauf la division qui s'opère aux assises entre les questions de culpabilité dévolues au jury et les questions de pénalité réservées à la Cour. La forme dans laquelle les questions doivent être posées ne saurait donc être un objet de controverse ; quant au nombre des questions, il faut reconnaître que la qualification indiquée dans l'ordonnance de renvoi ne peut restreindre le droit qui appartient au juge de donner au fait incriminé le véritable caractère qui lui appartient. Cette qualification, en quelque sorte provisoire, n'a pour objet que de fixer la compétence, et elle peut toujours être changée après le débat, soit par le ministère public dans ses réquisitions, soit par le tribunal dans son jugement. Rien ne s'oppose donc à ce que la Cour envisage la lettre qui lui est déférée sous les divers aspects qu'elle peut présenter, et son devoir est de statuer à cet égard sur tous les chefs de prévention qui lui sont soumis par le ministère public, sauf à rejeter par son arrêt ceux qui lui paraîtraient mal fondés.

Un troisième opinant insiste sur l'observation qui vient d'être faite ; il pense que c'est au ministère public qui poursuit, à articuler à l'avance les chefs de prévention qui lui semblent résulter de la publication qu'il dénonce, et lorsque l'inculpé n'a été appelé à répondre et à se défendre que sur un seul point, il ne peut être ensuite jugé sur d'autres accusations.

Un quatrième opinant observe que la seule obligation que la loi impose au ministère public, est de préciser, à l'origine même de la poursuite, les passages qu'il entend incriminer; mais il n'est pas astreint pour cela à maintenir toujours la qualification première qu'il aura cru devoir donner aux délits résultant des passages incriminés; cette qualification peut être changée par lui jusqu'au dernier moment, et le seul droit qui appartienne à cet égard à l'inculpé est d'être entendu le dernier dans les discussions qui peuvent s'élever à cet égard.

Un cinquième opinant ajoute que les tribunaux sont toujours maîtres de changer la qualification donnée aux délits qui leur sont déférés; seulement si la qualification nouvelle qu'ils croient y reconnaître excédait les limites de leur juridiction, ils devraient le déclarer et renvoyer l'affaire devant les juges compétens. Ici il ne s'agit de rien de semblable; la compétence de la Cour des Pairs est absolue en ce qui concerne ses membres. On ne propose pas d'ailleurs de changer la qualification des faits, en ce sens que ce qui n'était considéré que comme un délit, puisse devenir un crime. Il ne s'agit que de savoir quel est le délit qui peut résulter de la lettre déférée à la Cour, et, sur ce point, la liberté de la délibération doit être entière.

M. le Président observe que la question qui s'engage trouvera naturellement sa solution dans la délibération de la Cour sur les diverses questions qu'il a l'intention de lui soumettre, puisque rien n'empêchera ceux de MM. les Pairs qui croiraient qu'en effet une seule question doit être posée, de répondre négativement sur les autres, et d'expliquer dans leur opinion les motifs de cette réponse; il propose en conséquence à la Cour d'aller immédiatement aux voix sur les diverses questions, en commençant par délibérer sur ces questions en ce qui touche le comte de Kergorlay, premier inculpé.

La Cour décide qu'elle ira immédiatement aux opinions.

La première question est en conséquence posée ainsi qu'il suit :

Le comte de Kergorlay est-il coupable d'avoir excité à la haine et au mépris du Gouvernement du Roi ?

Les voix ayant été recueillies provisoirement à un premier tour d'opinions et définitivement à un second tour, la question est résolue affirmativement par la Cour.

La seconde question est celle-ci : le comte de Kergorlay est-il coupable d'offenses envers la personne du Roi ?

Les voix ayant été recueillies dans la même forme, cette seconde question est aussi résolue affirmativement par la Cour.

Les deux autres questions relatives à l'attaque contre l'autorité constitutionnelle du Roi et à la provocation et à la désobéissance aux lois, sont résolues négativement par la Cour.

La Cour délibère immédiatement sur la peine à prononcer contre le comte de Kergorlay, par suite de la délibération de la Cour sur la question de culpabilité.

Après que les voix ont été recueillies provisoirement dans deux premiers tours d'opinions, et définitivement dans un troisième tour, la cour décide que la peine encourue par le comte de Kergorlay sera celle de six mois d'emprisonnement et cinq cents francs d'amende.

L'heure étant avancée, la Cour continue la suite de la délibération à demain 24 du courant, à midi précis.

Et le mercredi 24 novembre, à midi, la Cour, étant réunie en séance secrète, reprend ainsi qu'il suit, la délibération commencée dans la séance d'hier.

M. le Président expose que la Cour ayant statué hier sur les questions relatives au premier inculpé, il lui reste aujourd'hui à prononcer sur le sort des trois autres. A cet égard, une observation doit être faite. Sur les quatre questions de culpabilité posées à l'égard du premier inculpé, deux seulement ont été résolues affirmativement par la Cour, et comme les trois autres inculpés ne sont mis en cause que pour avoir inséré dans les journaux dont ils sont éditeurs la lettre écrite par le premier inculpé, peut-être la Cour jugera-t-elle inutile de poser à leur égard des questions dont la solution négative, à l'égard du premier inculpé, entraîne nécessairement une solution pareille à l'égard des autres; si la Cour en jugeait ainsi, les deux seules questions posées seraient celles d'excitation au mépris et à la haine du Gouvernement du Roi, et d'offense à la personne du Roi.

Ce mode de procéder étant adopté par la Cour, les questions sont d'abord posées à l'égard de l'inculpé Genoude.

Les voix ayant été recueillies suivant la forme accoutumée, cet inculpé est déclaré coupable d'excitation à la haine et au mépris du Gouvernement du Roi, et d'offense à la personne du Roi.

La Cour, consultée sur la peine à appliquer à cet inculpé, décide que cette peine sera celle d'un mois d'emprisonnement et de cent cinquante francs d'amende.

Les questions de culpabilité sont posées et résolues de la même manière à l'égard de l'inculpé de Brian.

La peine appliquée par la Cour est également celle d'un mois d'emprisonnement et de cent cinquante francs d'amende.

Avant de poser les questions relatives à l'inculpé Lubis, M. le Président rappelle à la Cour la position particulière où se trouve cet inculpé, à l'égard duquel il a été déclaré qu'il n'avait aucunement participé à l'insertion de la lettre incriminée dans la *Gazette de France.*

Les questions posées à son égard, comme elles l'avaient été pour les autres inculpés, sont résolues négativement par la Cour.

La délibération de la Cour se trouvant ainsi terminée, M. le Président lui soumet la rédaction qu'il a préparée pour l'arrêt qui doit résulter de cette délibération.

Cette rédaction est ainsi conçue :

« La Cour des Pairs ;

« Vu l'ordonnance du Roi, en date du 9 de ce mois, portant convocation de la Cour;

« Vu l'arrêt en date du 22 de ce mois, par lequel la Cour s'est déclarée compétente pour

statuer sur le procès suivi contre le comte de Kergorlay, de Brian, Genoude et Lubis;

« Vu la lettre signée le comte Florian de Kergorlay, Pair de France, en date du 23 septembre,
ladite lettre insérée dans la *Quotidenne* du 25, et
dans la *Gazette de France* du 27 du même mois;

« Ouï le procureur général du Roi, en ses dires
et réquisitions, lesdites réquisitions ainsi conçues :

« Vu la lettre signée comte Florian de Kergor-
« lay, Pair de France, insérée dans le numéro du
« journal dit la *Quotidienne,* du 25 septembre 1830,
« et dans celui de la *Gazette de France,* du 27 de
« ce mois;

« Vu le réquisitoire de M. le procureur du Roi
« près le tribunal civil du département de la Seine
« portant que, par la publication de cette lettre,
« MM. de Kergorlay, de Brian, gérant de la *Quoti-*
« *dienne*, Genoude et Lubis de la *Gazette de*
« *France,* se sont rendus coupables du délit d'exci-
« tation au mépris et à la haine du gouvernement
« du Roi des Français;

« Vu l'arrêt de la cour royale de Paris, du 5 de
« ce mois de novembre, portant que les tribunaux
« ordinaires sont incompétens, et qui renvoie la
« cause devant qui de droit;

« Vu l'article 29 de la Charte constitutionnelle,
« qui dispose qu'aucun Pair ne peut être arrêté que
« de l'autorité de la Chambre, et jugé que par elle
« en matière criminelle;

« Vu l'ordonnance royale du 9 du présent mois,
« qui convoque la Cour des Pairs ;

« Attendu qu'à la date de la publication de sa

« lettre, comme à celle où ont commencé les pour-
« suites judiciaires, M. de Kergorlay était Pair de
« France, et que ce n'est que depuis cette époque
« qu'il a cessé de faire partie de la Chambre;

« Nous requérons qu'il plaise à la Cour se
« déclarer compétente; en conséquence, faisant
« droit sur nos plaintes et réquisitions;

« Vu les articles 1, 2, 4 et 6 de la loi du 17 mai
« 1819, 4 de la loi du 25 mai 1822;

« En ce qui touche M. Florian de Kergorlay,
« ancien Pair de France;

« Attendu que par sa lettre ci-dessus datée il
« s'est rendu coupable d'attaques à l'autorité cons-,
« titutionnelle du Roi, d'excitation au mépris et à
» la haine de son Gouvernement, ainsi que de pro-
« vocation à la désobéissance aux lois,

« Le condamner, conformément aux articles 2 et
« 4 de la loi du 17 mai 1819, en deux années
« d'emprisonnement et 6,000 francs d'amende;

« En ce qui touche les sieurs de Brian, gérant
« de la *Quotidienne,* et Genoude, gérant de la
« *Gazette de France,*

« Vu les articles ci-dessus cités des lois des
« 17 mai 1819 et 25 mars 1822;

« Vu l'article 8 de la loi du 18 juillet 1828,
« portant que les signataires de chaque feuille (pé-
« riodique) seront responsables de son contenu et
« passibles de toutes les peines portées par la loi, à
« raison de la publication des articles ou passages

« incriminés, sans préjudice de la poursuite contre
« l'auteur desdits articles , comme complice ;

« Vu également l'article 14 de la même loi, du
« 18 juillet 1828, portant que les amendes qui
« auront été encourues pour délits de publication
« par la voie d'un journal ne seront jamais moin-.
« dres du double du minimum fixé par les lois
« relatives à la répression des délits de la presse ;

« Condamner les sieurs de Brian et Genoude,
« chacun en une année d'emprisonnement et en
« une amende, savoir : le sieur de Brian, de
« 6,000 francs, et les sieurs Genoude et Lubis,
« ensemble, de pareille somme de 6,000 francs;

« Les condamner tous au frais du procès.

« Ouï pareillement le comte de Kergorlay, de
Brian ,Genoude et Lubis, en personne à l'audience,
et par l'organe de leurs conseils;

« Après en avoir délibéré;

« En ce qui touche le comte de Kergorlay ;

« Considérant qu'il résulte des pièces du procès
et des débats, que c'est par sa volonté que la
lettre signée de lui, datée du 23 septembre et
dont il se reconnaît l'auteur, a été insérée dans
la *Quotidienne* et dans la *Gazette de France;*

« Considérant que ladite lettre, dans son ensemble, et notamment dans le passage commençant par ces mots : *à défaut d'aucun droit ,* et
finissant par ceux-ci : *nous sera un jour rendu,*
contient excitation à la haine et au mépris du
Gouvernement du Roi, et offense à la personne
du Roi;

« En ce qui touche de Brian et Genoude :

« Considérant que, par l'insertion de la lettre sus-énoncée dans la *Quotidienne* du 25, et dans la *Gazette de France* du 27, lesdits de Brian et Genoude se sont également rendus coupables d'excitation à la haine et au mépris du Gouvernement du Roi, et d'offense envers la personne du Roi ;

« Qu'ainsi, le comte de Kergorlay, de Brian et Genoude se sont rendus coupables des délits prévus par les articles 4 de la loi du 25 mars 1822 et 9 de la loi du 17 mai 1819 ; lesquels sont ainsi conçus :

Art. 4 *de la loi du 25 mars 1822.*

« Quiconque, par l'un des mêmes moyens, aura
« excité à la haine ou au mépris du gouvernement
« du Roi sera puni d'un emprisonnement d'un
« mois à quatre ans, et d'une amende de 150 francs
« à 5,000 francs.

« La présente disposition ne peut pas porter
« atteinte au droit de discussion et de censure des
« actes des Ministres.

Art. 9 *de la loi du 17 mai 1819.*

« Quiconque, par l'un des moyens énoncés en
« l'article 1. de la présente loi, se sera rendu cou-
« pable d'offenses envers la personne du Roi, sera
« puni d'un emprisonnement qui ne pourra être de
« moins de six mois ni excéder cinq années, et

« d'une amende qui ne pourra être au-dessous de
« 500 francs ni excéder 10,000 francs.

« Le coupable pourra être en outre interdit de
« tout ou partie des droits mentionnés en l'art. 42
« du Code pénal, pendant un temps égal à celui de
« l'emprisonnement auquel il aura été condamné.
« Ce temps courra à compter du jour où le cou-
« pable aura subi sa peine.

« Considérant aussi qu'il existe à l'égard de de
Brian et Genoude des circonstances atténuantes,

« Condamne le comte de Kergorlay à la peine
de six mois d'emprisonnement et de 500 francs
d'amende;

« De Brian et Genoude chacun à la peine de
un mois d'emprisonnement et de 150 francs
d'amende ;

« Les condamne solidairement aux frais du
procès.

« En ce qui touche Lubis.

« Considérant qu'il résulte des débats qu'il n'a
pas participé à la publication de la lettre insérée
dans la *Gazette de France,*

« Le renvoi des fins de la plainte.

« Ordonne que le présent arrêt sera exécuté à la
diligence du procureur général du Roi. »

Les voix étant recueillies sur cette rédaction,
elle est adoptée par la Cour.

Aucun autre objet n'étant en délibération, M. le
Président annonce qu'avant de faire introduire le
public, il va être procédé à la signature de l'arrêt
tel qu'il vient d'être adopté.

Il est en effet procédé à la signature de l'arrêt par chacun des Pairs présens.

Cette opération terminée, la séance secrète est levée, et M. le Président donne l'ordre de faire rentrer le public à l'audience.

Signé PASQUIER, président;

CAUCHY, Greffier.

COUR DES PAIRS.

Procès-verbal de l'Audience publique.

Présidence de M. le baron Pasquier.

L'an mil huit cent trente, le lundi 22 novembre à une heure, la Cour des Pairs, spécialement convoquée à cet effet, se réunit au palais du Luxembourg, pour l'examen et le jugement du procès suivi devant elle contre le comte de Kergorlay, de Brian, Genoude et Lubis, aux termes de l'ordonnance du Roi du 9, et de l'arrêt de la Cour du 15 de ce mois.

Les prévenus, cités à comparaître par exploit de Sajou, huissier près la Cour, étant à la barre, assistés de leurs conseils, la Cour, préalablement réunie en la chambre du conseil, entre dans la salle d'audience publique, précédée de ses messagers d'État et de ses huissiers.

Le Cour ayant pris séance, M. Persil, procureur général, et M. Berville, avocat général, sont introduits.

M. le Président déclare que l'audience est ouverte.

Il est procédé, sur l'ordre de M. le Président, à l'appel nominal afin de constater le nombre des

Pairs présens, et qui pourront seuls connaître de l'affaire.

L'appel nominal constate la présence de

MM.

Le baron Pasquier, Président.
Le duc de Gramont.
Le duc de Mortemart.
Le duc de Fitz-James.
Le duc de Valentinois.
Le duc de Clermont-Tonnerre.
Le duc de Choiseul.
Le duc de Broglie.
Le duc de Montmorency.
Le duc de Maillé.
Le duc de La Force.
Le maréchal duc de Tarente.
Le maréchal duc de Reggio.
Le marquis de Marbois.
Le comte de Cornet.
Le marquis de Croix.
Le comte du Puy.
Le marquis de Jaucourt.
Le comte Klein.
Le comte Lemercier.
Le comte de Monbadon.
Le comte Péré.
Le marquis de Sémonville.
Le comte Soulès.
Le duc de Castries.
Le duc de Doudeauville.
Le duc de Brissac.
Le marquis d'Aligre.
Le marquis de Boissy du Coudray.
Le baron Boissel de Monville.
Le comte de Contades.
Le duc de Caraman.
Le comte Compans.
Le comte de Durfort.
Le marquis de La Guiche.
Le comte d'Haussonville.

MM.

Le marquis de Louvois.
Le comte Molé.
Le marquis de Mathan.
Le marquis de Mun.
Le marquis d'Orvilliers.
Le marquis de Raigecourt.
Le marquis de Rougé.
Le comte Ricard.
Le comte de Rully.
Le baron Séguier.
Le marquis de Talaru.
Le marquis de Vérac.
Le comte de Lynch.
Le marquis d'Osmond.
Le comte de Noé.
Le comte de La Roche-Aymon.
Le duc de Massa.
Le duc de Dalberg.
Le duc Decazes.
Le comte Lecouteulx de Canteleu.
Le comte Beker.
Le comte Belliard.
Le comte de Berenger.
Le comte Claparède.
Le comte Chaptal.
Le marquis de Catellan.
Le duc de Cadore.
Le comte Cornudet.
Le comte d'Arjuzon.
Le marquis de Dampierre.
Le vicomte d'Houdetot.
Le baron Mounier.
Le comte Mollien.
Le comte de Marescot.
Le comte de Pontécoulant.
Le comte Reille.

MM.

Le comte Rampon.
Le comte de Sparre.
Le maréchal duc de Trévise.
Le marquis de Talhouët.
Le vice-amiral comte Truguet.
Le vice-amiral comte Verhuell.
Le marquis d'Angosse.
Le marquis d'Aramon.
Le comte de Germiny.
Le comte de La Tour-Mau-
  bourg-
Le prince duc de Poix.
Le comte de Montesquiou.
Le marquis d'Aragon.
Le baron Dubreton.
Le comte Mathieu de La Re-
  dorte.
Le maréchal comte Jourdan.
Le comte Portalis.
Le duc de Praslin.
Le marquis de Vence.
Le duc de Crillon.
Le duc de Coigny.
Le baron de Beurnonville.
Le comte Siméon.
Le baron Portal.
Le comte Roy.
Le comte de Vaudreuil.
Le comte de Saint-Priest.
Le comte de Tascher.
Le comte de La Garde.
Le marquis de Mortemart.
Le maréchal comte Molitor.
Le comte de Bordessoulle.
Le comte Bourke.
Le baron de Glandevès.
Le comte de Puységur.
Le comte Chabrol de Crousol.
Le comte d'Haubersart.
Le comte d'Orglandes.
Le comte de Courtarvel,

MM.

Le comte de Breteuil.
Le vicomte Lainé.
Le marquis de Rastignac.
Le comte de Vogüé.
Le marquis de Coislin.
Le comte Dejean.
Le comte de Richebourg.
Le duc de Plaisance.
Le vicomte Dode.
Le vicomte Dubouchage.
Le comte Davous.
Le marquis de Maleville.
Le duc de Feltre.
Le duc de Brancas.
Le comte de Sussy.
Le comte Cholet.
Le comte de Boissy-d'Anglas.
Le comte Lanjuinais.
Le marquis de La Tour-du
  Pin-Montauban.
Le duc de La Rochefoucauld.
Le duc de Beaumont.
Le comte Clément-de-Ris.
Le vicomte de Ségur-Lamoi-
  gnon.
Le duc d'Istrie.
Le comte Abrial.
Le marquis de Lauriston
Le marquis de Brézé
Le duc de Périgord.
Le comte de Sainte-Aulaire.
Le marquis de Crillon.
Le duc d'Avaray.
Le comte Donatien de Ses -
  maisons.
Le comte de Ségur.
Le duc de Richelieu.
Le comte de Sainte-Suzanne.
L'amiral baron Duperré.
Le marquis d'Aux-Lally.

M. le Président annonce que les Pairs non pré-sens ont adressé à la Cour des excuses, dont la validité a été reconnue par elle.

Il demande ensuite à chacun des prévenus ses nom, prénoms, âge, lieu de naissance, profession et domicile.

Les réponses sont les suivantes :

Louis-Florian-Paul, comte de Kergorlay, Pair de France, âgé de soixante-un ans, né à Paris, y demeurant rue Saint-Dominique, n.° 102 ;

François-Amable, baron de Brian, âgé de quarante-deux ans, gérant responsable de la *Quotidienne*, demeurant rue des Bons-enfans, n.° 3.

Eugène Genoude, âgé de trente-huit ans, né à Montélimart, propriétaire de la *Gazette de France*, demeurant à Paris, rue de Grenelle-Saint-Germain, n.° 73.

François Lubis, âgé de trente ans, né à Bordeaux, rédacteur en chef de la *Gazette de France*, demeurant rue Saint-Jacques, n.° 153.

Cet interrogatoire terminé, M. le Président rappelle aux défenseurs l'obligation que leur impose l'article 311 du Code d'instruction criminelle.

M. le Président expose que l'usage de la Cour des Pairs étant de statuer toujours par arrêt séparé sur sa compétence, elle va se retirer dans la chambre du conseil pour en délibérer. Il demande à M. le procureur général et aux prévenus s'ils ont quelques observations à faire sur ce point.

Aucune observation n'étant faite, la Cour se retire pour en délibérer.

A deux heures et demie la Cour rentre en audience publique.

M. le Président prononce l'arrêt suivant :

« La Cour des Pairs,

« Vu l'ordonnance du Roi en date du 9 de ce
« mois, portant convocation de la Cour, à l'effet de
« procéder au jugement des sieurs comte de Kergor-
« lay, de Brian, Genoude et Lubis, comme prévenus
« d'avoir publié la lettre en date du 23 septembre,
« signée *le comte de Kergorlay, Pair de France,*
« insérée dans la *Quotidienne* du 25 septembre, et
« dans la *Gazette de France* du 27 du même
« mois ;

« Vu l'arrêt de la Cour en date du 15 de ce
« mois ;

« Le procureur général et les défenseurs en-
« tendus ;

« Après en avoir délibéré :

« Considérant que si par suite du défaut de
« prestation de serment, dans le délai prescrit par
« la loi du 31 août dernier, le comte de Kergor-
« lay se trouve aujourd'hui personnellement déchu
« du droit de siéger dans la Chambre des Pairs, la
« publication qui fait l'objet du procès est anté-
« rieure à l'expiration dudit délai ; que, par consé-
« quent, à l'époque de ladite publication, le comte
« de Kergorlay était encore Pair de France ;

« Considérant que c'est à l'époque où le délit a
« été commis qu'il faut se reporter pour apprécier
« la compétence ; et qu'à cette époque le comte de
« Kergorlay, en sa qualité de Pair, avait incontes-
« tablement le droit de n'être jugé que par la Cour
« des Pairs,

« Se déclare compétente, et ordonne qu'il sera
« passé outre au jugement du fond. »

Cet arrêt prononcé, M. le Président procède à l'examen des prévenus.

Après cet examen, la parole est accordée à M. le Procureur général, qui développe devant la Cour les moyens de prévention, et dépose en terminant ses réquisitions écrites et signées sur le bureau.

La parole est ensuite accordée au comte de Kergorlay, et après lui à M.ᵉ Berryer fils, son défenseur.

M.ᵉ Guillemin, défenseur de de Brian, et M.ᵉ Hennequin, défenseur de Genoude et Lubis, sont également entendus en leurs plaidoieries.

La parole est ensuite accordée à M. Berville, avocat général, et à MM.ᶜˢ Berryer fils et Hennequin, pour les répliques.

Les plaidoieries terminées, et les prévenus ayant déclaré n'avoir plus rien à ajouter à leur défense, M. le Président annonce que la Cour se réunira demain en audience secrète à midi, pour délibérer; l'audience sera rendue publique après la délibération, pour la prononciation de l'arrêt.

L'audience publique est levée.

Et le mercredi 24 novembre mil huit cent trente à cinq heures du soir, l'audience est rendue publique.

Le procureur général est introduit.

Les prévenus et leurs conseils sont à la barre.

M. le Président prononce l'arrêt suivant :

« LA COUR DES PAIRS,

« Vu l'ordonnance du Roi en date du 9 de ce mois, portant convocation de la Cour;

« Vu l'arrêt en date du 22 de ce mois, par lequel la Cour s'est déclarée compétente pour statuer sur le procès suivi contre le comte de Kergorlay, de Brian, Genoude et Lubis ;

« Vu la lettre signée *le comte Florian de Kergorlay, Pair de France*, en date du 23 septembre, ladite lettre insérée dans la *Quotidienne* du 25, et dans la *Gazette de France* du 27 du même mois ;

« Ouï le procureur général du Roi en ses dires et réquisitions, lesdites réquisitions ainsi conçues :

« Vu la lettre signée *comte Florian de Kergor-
« lay, Pair de France*, insérée dans le numéro du
« journal dit *la Quotidienne* du 25 septembre 1830,
« et dans celui de la *Gazette de France* du 27 de
« ce mois ;

« Vu le réquisitoire de M. le Procureur du Roi
« près le tribunal civil du département de la Seine,
« portant que, par la publication de cette lettre,
« MM. de Kergorlay, de Brian, gérant de la *Quo-
« tidienne*, Genoude et Lubis, de la *Gazette de
« France*, se sont rendus coupables du délit d'ex-
« citation au mépris et à la haine du Gouverne-
« ment du Roi des Français ;

« Vu l'arrêt de la cour royale de Paris du 5 de
« ce mois de novembre, portant que les tribunaux
« ordinaires sont incompétens, et qui renvoie la
« cause devant qui de droit ;

« Vu l'article 29 de la Charte constitutionnelle,
« qui dispose qu'aucun Pair ne peut être arrêté que
« de l'autorité de la Chambre, et jugé que par elle
« en matière criminelle ;

« Vu l'ordonnance royale du 9 du présent mois,
« qui convoque la Cour des Pairs;

« Attendu qu'à la date de la publication de sa
« lettre, comme à celle où ont commencé les pour-
« suites judiciaires, M. de Kergorlay était Pair de
« France, et que ce n'est que depuis cette époque
« qu'il a cessé de faire partie de la Chambre;

« Nous requérons qu'il plaise à la Cour de se dé-
« clarer compétente; en conséquence, faisant droit
« sur nos plaintes et réquisitions;

« Vu les articles 1, 2, 4 et 6 de la loi du 17 mai
« 1819, 4 de la loi du 25 mai 1822;

« En ce qui touche M. Florian de Kergorlay,
« ancien Pair de France;

« Attendu que par sa lettre ci-dessus datée, il
« s'est rendu coupable d'attaques à l'autorité consti-
« tutionnelle du Roi, d'excitation au mépris et à la
« haine de son Gouvernement, ainsi que de provo-
« cation à la désobéissance aux lois,

« Le condamner, conformément aux articles 2
« et 4 de la loi du 17 mai 1819, en deux années
« d'emprisonnement et 6,000 francs d'amende.

« En ce qui touche les sieurs de Brian, gérant
« de la *Quotidienne*, et Genoude, gérant de la
« *Gazette de France*;

« Vu les articles ci-dessus cités des lois des
« 17 mai 1819 et 25 mars 1822;

« Vu l'article 8 de la loi du 18 juillet 1828, por-
« tant que les signataires de chaque feuille (pério-
« dique), seront responsables de son contenu et
« passibles de toutes les peines portées par la loi,
« à raison de la publication des articles ou passages

« incriminés, sans préjudice de la poursuite contre
« l'auteur desdits articles. comme complice ;

« Vu également l'article 14 de la même loi du ·
« 18 juillet 1828, portant que les amendes qui au-
« ront été encourues pour délits de publication par
« la voie d'un journal ne seront jamais moindres
« du double du minimum fixé par les lois relatives
« à la répression des délits de la presse ;

« Condamner les sieurs de Brian, et Genoude,
« chacun en une année d'emprisonnement et en
« une amende, savoir : Le sieur de Brian, de
« 6,000 francs, et les sieurs Genoude et Lubis,
« ensemble, de pareille somme de 6,000 francs ;

« Les condamner tous aux frais du procès.

« Ouï pareillement le comte de Kergorlay, de
Brian, Genoude et Lubis, en personne à l'audience, et par l'organe de leurs conseils ;

« Après en avoir délibéré ;

« En ce qui touche le comte de Kergorlay :

« Considérant qu'il résulte des pièces du procès
et des débats, que c'est par sa volonté que la
lettre signée de lui, datée du 23 septembre, et
dont il se reconnaît l'auteur, a été insérée dans
la *Quotidienne* et dans la *Gazette de France* ;

« Considérant que ladite lettre, dans son ensemble, et notamment dans le passage commençant par ces mots : *à défaut d'aucun droit*, et
finissant par ceux-ci : *nous sera un jour rendu,*
contient excitation à la haine et au mépris du
Gouvernement du Roi, et offensé à la personne
du Roi.

« En ce qui touche de Brian et Genoude :

« Considérant que, par l'insertion de la lettre sus-énoncée dans la *Quotidienne* du 25 et dans la *Gazette de France* du 27, lesdits de Brian et Genoude se sont également rendus coupables d'excitation à la haine et au mépris du Gouverment du Roi, et d'offense envers la personne du Roi ;

« Qu'ainsi le comte de Kergorlay, de Brian et Genoude se sont rendus coupables des délits prévus par les articles 4 de la loi du 25 mars 1822, et 9 de la loi du 17 mai 1819 ; lesquels sont ainsi conçus :

« Art. *4 de la loi du 25 mars 1822.*

« Quiconque, par l'un des mêmes moyens, aura
« excité à la haine ou au mépris du Gouverne-
« ment du Roi, sera puni d'un emprisonnement
« d'un mois à quatre ans, et d'une amende de
« 150 francs à 5,000 francs.
« La présente disposition ne peut pas porter at-
« teinte au droit de discussion et de censure des
« actes des Ministres.

« Art. 9 *de la loi du 17 mai 1819.*

« Quiconque, par l'un des moyens énoncés en
« l'article 1.er de la présente loi, se sera rendu
« coupable d'offense envers la personne du Roi,
« sera puni d'un emprisonnement qui ne pourra
« être de moins de six mois ni excéder cinq années,

« et d'une amende qui ne pourra être au-dessous de
« 500 francs ni excéder 10,000 francs.

« Le coupable pourra être en outre interdit de
« tout ou partie des droits mentionnés en l'ar-
« ticle 42 du Code pénal pendant un temps égal à
« celui de l'emprisonnement auquel il aura été con-
« damné. Ce temps courra à compter du jour où
« le coupable aura subi sa peine.

« Considérant aussi qu'il existe à l'égard de de
Brian et Genoude des circonstances atténuantes,

« Condamne le comte de Kergorlay à la peine
de six mois d'emprisonnement et de 500 francs
d'amende ;

« De Brian et Genoude chacun en la peine de
un mois d'emprisonnement et de 150 francs d'a-
mende ;

« Les condamne solidairement aux frais du
procès.

« En ce qui touche Lubis,

« Considérant qu'il résulte des débats qu'il n'a
pas participé à la publication de la lettre insérée
dans la *Gazette de France*,

« Le renvoie des fins de la plainte.

« Ordonne que le présent arrêt sera exécuté à la
diligence du procureur général du Roi. »

Immédiatement après la prononciation de l'arrêt,
l'audience est levée.

Signé PASQUIER, président;

CAUCHY, Greffier.

COUR DES PAIRS.

PROCÈS

Suivi contre le Comte DE KERGORLAY et les sieurs DE BRIAN, GENOUDE et LUBIS.

PIÈCES.

1. LETTRE adressée par le Comte de Kergorlay à M. le Président de la Chambre des Pairs.

2. ORDONNANCE de la Chambre du Conseil du Tribunal de première instance.

3. RÉQUISITOIRE du Procureur général près la Cour royale.

4. ARRÊT de la Cour royale, du 5 novembre 1830.

5. ORDONNANCE du Roi du 9 novembre 1830.

6. ARRÊT de la Cour des Pairs du 15 novembre 1830.

Novembre 1830.

COUR DES PAIRS.

1. — *Lettre adressée par le comte de Kergorlay, à M. le Président de la Chambre des Pairs.*

Monsieur le Président,

« Quatre-vingt-sept Pairs ont consenti, le 30 août dernier, à déclarer personnellement déchus du droit de siéger dans la Chambre dont ils sont membres, tous ceux qui n'auraient pas, dans le délai d'un mois, prêté serment à un Roi nouvellement élu et à une Charte nouvelle.

« J'ignore en vertu de quel droit cette élection et cette Charte se sont faites.

« Quant à moi, j'ai prêté avec sincérité un serment sérieux à nos Rois et à la Charte constitutionnelle que l'un d'eux donna à la France. En leur prêtant ce serment, j'ai toujours compris qu'il engageait ma fidélité, non-seulement à eux, mais aussi à leurs légitimes successeurs et à la nation même, à la loi fondamentale qui règle depuis tant de siècles la succession à la Couronne parmi nous.

« En prêtant serment à mes Rois, j'ai cru le prêter à des hommes sujets comme moi-même à l'erreur, et je n'ai pas cru que les erreurs qu'ils pourraient commettre me dussent délier de mes sermens, ni envers eux, ni envers leurs légitimes successeurs ; je n'ai pas cru non plus qu'elles m'autorisassent à concourir à un acte de violence qui voudrait dépouiller mes concitoyens de la salutaire institution de l'hérédité du Trône. J'ai toujours considéré cette institution comme la seule solide garantie de toutes nos libertés, et je refuse de concourir à sa destruction, parce que je suis toujours également convaincu que sa destruction ne peut que frayer parmi nous la route à toutes les tyrannies.

« La Charte, que tous les Pairs ont jurée, porte en son article 13 , que « la personne du Roi est inviolable et sacrée, et que ses Ministres sont responsables. » Ce principe fondamental de la Charte ne permet pas que le Roi soit personnellement pris à partie pour les griefs auxquels son Gouvernement aurait pu donner lieu. La responsabilité de ses Ministres est la voie constitutionnelle ouverte pour obtenir le r edressement de ces griefs.

« Une fiction constitutionnelle ne permet pas qu'on impute au Roi les fautes de son gouvernement ; la réalité même des choses permet encore bien moins qu'on les impute au royal enfant mineur qui est étranger aux actes de son aïeul, et qui, par le seul fait de la double abdication de S. M. le Roi Charles X et de son auguste fils, devint à cet instant même, le 2 août dernier, le Roi à qui ma fidélité est engagée.

« Les Chambres , sans rien pouvoir alléguer contre le droit de Mgr le duc de Bordeaux, ont transféré le 7 du même mois sa couronne au premier de ses sujets. Je ne m'associerai point par un serment à un acte auquel je me serais cru coupable de concourir.

« A défaut d'aucun droit , on a allégué en faveur du Roi qu'ont élu les Chambres, que lui seul pouvait sauver la France. Je pense au contraire qu'il était de tous les Français le plus incapable de la sauver, parce que de tous les Français il est celui à qui l'usurpation à laquelle on le convia dut sembler la plus criminelle.

« Un de ses ancêtres gouverna mal la France, mais fut du moins parent et régent fidèle pendant la minorité d'un Roi enfant dont la vie seule le séparait du trône. Cet exemple méritait d'être préféré comme règle de conduite à des souvenirs moins distans.

« Quant à la Charte, j'ai à son sujet deux convictions constantes : l'une, qu'un Roi qui a juré une Charte n'a pas le droit de la violer; l'autre, qu'alors même que des modifications à une Charte seraient utiles, des Chambres qui ont juré cette Charte n'ont pas le droit de donner pour base à ces modifications l'expulsion de leur Roi.

« J'attendrai donc, avant de prêter serment à une Charte modifiée, que les modifications qu'y pourraient désirer les Français apparaissent à leurs vœux sous l'autorité du Roi légitime. Élevé par sa noble mère dans le sentiment intime de ses devoirs envers son peuple, l'enfant royal vivra pour le bonheur de la France, et nous sera un jour rendu.

« Il y a toutefois un des articles de la Charte nouvelle sur lequel aujourd'hui même je crois ne devoir pas garder le silence.

« 219 Députés déclarèrent, le 7 août dernier, le trône vacant, firent une nouvelle Charte, dont un article excluait de la Chambre des Pairs tous ceux qu'avait nommés Charles X; et offrirent la royauté au lieutenant-général du royaume. 89 Pairs adhérèrent le même jour à la nouvelle Charte et à l'élection du nouveau Roi, déclarant s'en rapporter à sa prudence sur l'exclusion de leurs collègues.

« Les Pairs exclus ont à la Pairie le même droit que tous les autres. J'ai été élevé à la Pairie par Louis XVIII, et je reconnais à ceux qui l'ont reçue de Charles X le même droit que le mien.

« Mais leur exclusion porte en particulier, relativement à l'accusation des ministres de Charles X qui se prépare, le caractère le plus sinistre. Les juges naturels des ministres sont, non pas quelques pairs, mais tous les Pairs. L'article 62 de la Charte, que tous les Pairs ont jurée, porte « que nul ne « pourra être distrait de ses juges naturels. » L'article 63 ajoute : « Qu'il ne pourra en conséquence « être créé de commissions et tribunaux extraordi- « naires. »

« J'ignore comment on pourrait soutenir que l'exclusion arbitrairement donnée à un quart environ des membres d'un tribunal ne le transformerait pas en commission ou tribunal extraordinaire, et je sais de quel nom sont inévitablement flétries dans la postérité les condamnations à mort, lorsqu'elles sont portées par des tribunaux de cette espèce. Je ne m'associerai donc pas par un serment à un acte d'exclusion, qui transforme la Cour des Pairs en commission ou tribunal extraordinaire, et qui stigmatise à l'avance les condamnations à mort qu'elle pourrait porter, de la qualification d'assassinat judiciaire.

« La postérité est d'autant plus sévère à décerner cette qualification, lorsque les juges ont à la condamnation des accusés un intérêt apparent. Or, les

Pairs qui ont adhéré, dans la séance du 7 août dernier, à la déclaration de vacance du trône, ne se prétendent déliés du serment qu'ils avaient prêté à S. M. le Roi Charles X et à la Charte constitutionnelle, que parce qu'ils imputent à cet infortuné prince d'avoir, par le conseil de ses ministres, violé cette Charte lui-même : ces mêmes Pairs ont donc un intérêt apparent à trouver coupables les ministres dont l'accusation se prépare, et je ne m'associerai point, par un serment, à un système qui donne à des ministres pour juges des hommes qui se sont créé à eux-mêmes un intérêt apparent à les condamner.

« Je viens d'exposer les motifs de mon refus de prêter le serment qui m'est demandé. J'ai cru devoir les déclarer à mes collègues. Je vous prie donc, M. le Président, de vouloir bien donner à la Chambre, dans sa séance d'aujourd'hui, lecture de ma présente lettre, et je la prie elle-même ici d'en ordonner l'insertion en son procès-verbal.

« Un membre de la Chambre des Pairs, déclaré déchu de son droit d'y siéger, parce qu'il demeure fidèle à son serment, ne peut se croire valablement déchargé par là de son obligation de délibérer et de voter dans la Chambre dont il est membre. Sa volonté ne se rend point complice de l'obstacle qui l'empêche de remplir ce devoir ; il cède à l'abus de la force matérielle.

« Je suis, M. le Président, avec une haute considération, votre très-humble et très-obéissant serviteur,

Le comte Florian de Kergorlay, Pair de France. »

Paris, rue Sain-Dominique, n.° 102, ce 23 septembre 1830.

1..

(8)

La lettre ci-dessus a été insérée, le 25 septembre 1830, dans la *Quotidienne,* sans aucune observation, et le 27 du même mois, dans la *Gazette de France,* avec l'annotation suivante :

« Le *Courrier* fait au sujet de cette publication les questions suivantes :

« La liberté interdit-elle au pouvoir établi de se « défendre contre les attaques violentes et directes de « ses ennemis ? Un individu qui déclare ne pas recon- « naître le gouvernement sous lequel il vit, les lois « dont pourtant il accepte la protection, et qui, par « la publicité donnée à sa déclaration, cherche autant « que possible à provoquer l'imitation, exerce-t-il un « droit découlant de la liberté, ou bien commet-il un « acte subversif de l'ordre public ?

« Supposez que, sous les Bourbons, un partisan « de Napoléon eût établi que le gouvernement royal, « ramené par les bayonnettes étrangères, était une « usurpation et un crime, qu'il eût annoncé le retour « du roi de Rome, les cours d'assises auraient-elles « eu pour lui des châtimens assez sévères ? La liberté « veut qu'on puisse attaquer la marche d'un gouver- « nement; mais si on peut le déclarer nul, usurpateur, « criminel, prêt à tomber devant un compétiteur, « il ne faudra pas sévir contre ceux qui prendront les « armes pour le renverser; car en le voyant tolérer « une attaque aussi violente, ils pourraient croire « sans crime qu'il n'y a plus qu'un coup d'épaule à « donner pour le faire tomber. On veut poursuivre, « dans les assemblées politiques, l'apparence, la pos- « sibilité d'un danger ; ici le danger n'est ni apparent, « ni éloigné ; il est réel et imminent. »

« Il nous semble que le *Courrier* assimile ici des faits qui n'ont point d'analogie. Sous la dynastie des Bourbons la royauté était un droit supérieur à la volonté du peuple. Ainsi toute action d'une volonté collective ou individuelle était un attentat à cette même royauté ; mais sous le Gouvernement actuel, qui a pour principe la volonté nationale, il n'y a réellement que des conspirations, des attentats matériels, des *voies de fait* qui puissent être regardés comme contraires à la Constitution. Partout ailleurs, il n'y a que des opinions, et toutes les opinions doivent être respectées ; car elles sont des élémens nécessaires de la souveraineté nationale. »

2.—*Ordonnance de la Chambre du conseil du Tribunal de première instance.*

« Nous juges composant la chambre des vacations du tribunal de première instance de la Seine, réunis en la chambre du conseil, conformément à l'article 127 du Code d'instruction criminelle,

« Vu les pièces de la procédure, sur les conclusions de M. Comte, procureur du Roi, et ouï le rapport de M. Auguste Portalis, juge d'instruction ;

« Duquel il résulte que M. le comte Florian de Kergorlay a publié, dans la Gazette de France et la Quotidienne, une lettre commençant par ces mots : *Quatre-vingt-sept Pairs....* et finissant par ceux-ci : *Il cède à l'abus de la force matérielle :*

« En ce qui touche la compétence,

« Attendu que la loi du 31 août dernier, insérée

au Bulletin des lois, le 2 septembre suivant, porte, article 3 : «Tout Pair qui n'aura pas prêté le serment « dans le délai d'un mois, sera considéré comme per- « sonnellement déchu du droit de siéger dans la « Chambre des Pairs ; »

« Attendu que M. de Kergorlay n'ayant pas prêté serment, est personnellement déchu du droit de siéger dans la Chambre des Pairs ;

«Attendu, qu'à la date du 23 septembre 1830, il a adressé une lettre à M. le Président de la Chambre des Pairs ; qu'il y déclare qu'il n'a pas prêté et qu'il ne prêtera pas le serment exigé, *et qu'ainsi, à ladite date du 23 septembre, il a volontairement renoncé au bénéfice du délai ;*

«Attendu que M. de Kergorlay a publié, et les rédacteurs de la Gazette et de la Quotidienne ont inséré cette lettre, les 25 et 27 septembre suivant ;

«Attendu que la loi du 31 août dernier prononce une déchéance complète, puisqu'elle la prononce sans réserve et pour toujours ; que d'ailleurs, les Pairs ne forment un corps dans l'État que parce qu'ils constituent un pouvoir délibérant ; que leur privilége de juridiction tient précisément à cette qualité, et que s'il est plus étendu que celui des Députés, c'est parce que ceux-ci ne sont que temporairement les représentans du peuple.

«Au fond,

«Attendu que le sieur de Kergorlay, en publiant, et les sieurs de Brian, Genoude et Lubis, en insérant dans leurs journaux une lettre commen-

çant par ces mots : *quatre-vingt-sept Pairs . . . .*
et finissant par ceux-ci : *il cède à l'abus de la force
matérielle ;* sont suffisamment prévenus d'avoir,
par un des moyens de publication prévus par la loi
du 17 mai 1819, excité au mépris et à la haine du
gouvernement du Roi, délit prévu par les articles 4
de la loi du 25 mars 1822, 14 de la loi du 18 juillet
1828 et 29 de la Charte constitutionnelle ;

«Nous déclarons compétens et ordonnons que
les pièces du procès seront transmises à M. le Procureur général, pour être, sur ses réquisitions,
statué par la Chambre d'accusation de la Cour
royale, à l'égard des sieurs de Kergorlay, de Brian,
Genoude et Lubis, lesquels, s'il y a lieu, devront
être traduits devant la Cour d'assises.

«FAIT en la Chambre du conseil, le 29 octobre
1830.

« *Signé* ADRIEN LAMY, DELAHAYE, J. CRAMAIL,
AUG. PORTALIS. »

———

3. — *RÉQUISITOIRE du Procureur général près
la Cour royale.*

« Le Procureur général près la Cour royale de
Paris,

« Vu les numéros de la *Quotidienne*, du samedi
25 septembre dernier, signé Brian, et de la *Gazette de France*, du 25 du même mois, signé

Genoude et Lubis, contenant une lettre de M. le comte Florian de Kergorlay, commençant par ces mots : « A M. le Président de la Chambre des « Pairs : Monsieur le Président, quatre-vingt-sept « Pairs ont consenti, le 30 août dernier »; et finissant par ceux-ci : « Il cède à l'abus de la force « matérielle »;

« Vu la déclaration de M. le comte de Kergorlay, portant que c'est lui qui a sollicité la publication de cette lettre dans la *Gazette* et la *Quotidienne;* que c'est lui qui en a corrigé les épreuves, et que ne l'ayant écrite qu'en sa qualité de Pair de France, dont il n'avait pas entendu donner sa démission, il protestait contre la juridiction que les tribunaux ordinaires voudraient s'attribuer à son égard;

« Vu également la déclaration des gérans desdites feuilles, portant qu'ils entendent suivre le sort de l'auteur de la lettre, et par conséquent être jugés par la Chambre des Pairs, qui, à leur avis, est seule compétente pour juger M. de Kergorlay;

« Vu le réquisitoire de M. le Procureur du Roi près le tribunal de première instance du département de la Seine, portant que la lettre de M. de Kergorlay, soit dans son ensemble, soit dans le huitième alinéa, commençant par ces mots : « *A défaut* « *d'aucun droit* »; soit dans le onzième alinéa, commençant par ceux-ci : « *J'attendrai donc avant de* « *prêter serment* », doivent se considérer comme excitant à la haine et au mépris du gouvernement du Roi, délits prévus et punis par les articles 4 de la loi du 25 mars 1822, 14 de la loi du 18 juillet 1828, 59 et 60 du Code pénal ;

« Vu l'ordonnance rendue par la chambre du conseil du tribunal de première instance du département de la Seine, le 29 octobre dernier, par laquelle la Chambre, tout en se déclarant compétente, renvoie les pièces et la procédure au Procureur général, pour être, sur ses réquisitions, statué par la chambre d'accusation à l'égard du comte de Kergorlay, et des sieurs Brian, Genoude et Lubis, ce qu'il appartiendra ;

« Vu enfin l'article 220 du Code d'instruction criminelle portant que « si l'affaire est de la nature « de celles qui sont réservées à la haute cour ou « à la cour de cassation, le procureur général est « tenu d'en requérir la suspension et le renvoi » ;

« Considérant qu'aux termes de l'article 34 de la Charte constitutionnelle, aucun Pair de France ne peut être arrêté que de l'autorité de la Chambre, et jugé que par elle en matière criminelle ;

« Que si actuellement M. de Kergorlay n'est plus Pair de France, et si en laissant écouler le délai d'un mois accordé par la loi du 31 août 1830, sans prêter son serment, il doit être considéré comme personnellement déchu du droit de siéger dans la Chambre des Pairs ; il n'en est pas moins vrai que les 25 et 27 septembre dernier, jour où le délit à lui imputé aurait été commis, et le même jour, 27 septembre, date du commencement des poursuites, il était encore Pair de France, exclusivement soumis à la juridiction de la Chambre des Pairs ;

« Que la compétence de cette Chambre, une fois fixée, tant par la date du délit que par le commencement des poursuites, elle n'a pas pu changer par la conduite ultérieure du prévenu ;

« Considérant que l'ordonnance rendue par la Chambre du conseil n'a établi sa compétence que sur deux motifs évidemment erronnés, le premier tiré de ce que par sa lettre M. de Kergorlay aurait volontairement renoncé au bénéfice du délai fixé par la loi ; le second fondé sur ce que la loi du 31 août prononce, à défaut du serment de la part des Pairs, une déchéance complète et pour toujours ;

« Considérant que la lettre de M. de Kergorlay ne renferme aucune renonciation implicite ni explicite au délai de la loi dont elle ne parle pas ; qu'elle est uniquement destinée à l'exposition d'une doctrine erronnée sur le droit des Chambres, à faire dépendre la qualité de Pair d'un nouveau serment, mais qu'elle est tellement étrangère à toute renonciation au délai, que, si avant le 1.er octobre, M. de Kergorlay s'était présenté à la Chambre des Pairs pour prêter son serment, la Chambre n'eût pas pu refuser de l'admettre au rang de ses membres ;

« Considérant que, si la loi du 31 août 1830 prononce l'exclusion à toujours des Pairs de France qui, dans le délai d'un mois, n'auront pas prêté le serment requis, ce n'est que pour l'avenir et à compter de l'expiration de ce mois ; qu'il est tellement vrai que jusque là les Pairs de France et les fonctionnaires publics restent investis de leur dignité et de leurs fonctions, que les traitemens de ceux-ci, en vertu de décisions ministérielles, leur ont été payés jusques au 1.er octobre, ce qui n'aurait pu avoir lieu, si le défaut de serment avait eu un effet rétroactif :

« Par ces motifs,

« Le Procureur général requiert qu'il plaise à la Chambre déclarer nulle et incompétemment rendue l'ordonnance du 29 octobre dernier, relativement à MM. de Kergorlay, Brian, Genoude et Lubis ; se déclarer elle-même incompétente pour statuer sur le réquisitoire du Procureur du Roi, à l'occasion de la lettre de M. le comte de Kergorlay, publiée dans les numéros de la *Quotidienne* du 25 septembre 1830, et de la *Gazette* du 27 du même mois.

« En conséquence, faisant application de l'art. 220 du Code d'instruction criminelle, renvoie les pièces et la procédure devant qui de droit.

FAIT au parquet de la Cour royale de Paris, le 3 novembre 1830.

Signé C. PERSIL.

———

4. — *ARRÊT de la Cour royale de Paris, du 5 novembre 1830.*

« LA Cour royale de Paris, chambre des appels de police correctionnelle et chambre d'accusation réunies, a rendu l'arrêt dont la teneur suit :

« La Cour, chambres d'accusation et des appels de police correctionnelle réunies, en vertu de l'article 3 du décret du 6 juillet 1810, et en conséquence d'un réquisitoire de M. le procureur général, du 2 novembre présent mois, et d'une ordonnance de M. le premier président, en date du même jour, séant en la chambre du conseil de la chambre d'accusation; M. le procureur général est entré et a fait le rapport du procès instruit contre les nommés Louis-Florian-Paul de Kergorlay, ex-Pair de France; François-Amable de Brian, gérant du journal la *Quotidienne;* Antoine-Eugène de Genoude et François Lubis, gérans du journal la *Gazette de France.*

«Le greffier a donné lecture des pièces du procès qui ont été laissées sur le bureau.

« Le procureur général a déposé sur le bureau son réquisitoire écrit, signé de lui, daté du 3 novembre 1830, et terminé par les conclusions suivantes :

« Requiert qu'il plaise à la Chambre déclarer nulle et incompétemment rendue l'ordonnance du 29 octobre dernier, relativement à MM. de Kergorlay, Brian, Genoude et Lubis; se déclarer elle-même incompétente pour statuer sur le réquisitoire du procureur du Roi, à l'occasion de la lettre de M. le comte de Kergorlay, publiée dans les numéros de la *Quotidienne* du 25 septembre 1830, et de la *Gazette* du 27 du même mois :

« En conséquence, faisant application de l'article 220 du Code d'instruction criminelle, renvoyer les pièces de la procédure devant qui de droit.

(17)

« Le procureur général et le greffier se sont retirés.

« Il résulte de la procédure les faits suivans :

« Le journal intitulé *la Quotidienne*, dans sa feuille du 25 septembre 1830, et la *Gazette de France*, dans sa feuille du 27 du même mois, ont publié une lettre portant la date du 23 septembre, signée le *Comte de Kergorlay*, Pair de France.

« Le 27 septembre, le procureur du Roi au tribunal de première instance du département de la Seine, a dénoncé cette lettre comme excitant à la haine et au mépris du gouvernement du Roi, et a requis qu'il fût procédé à une instruction contre les gérans desdits journaux, et qu'il fût vérifié si le comte Florian de Kergorlay, s'était rendu complice de ladite publication en y coopérant.

« De Brian, gérant responsable du journal *la Quotidienne*, a déclaré que cette lettre avait été insérée dans *la Quotidienne* sur une copie qui lui avait été apportée par M. de Kergorlay.

« Genoude, éditeur de la *Gazette de France*, et Lubis, rédacteur en chef de ce journal, ont déclaré qu'ils l'avaient imprimée sur une copie qui leur avait été remise par de Kergorlay.

« Le comte Florian de Kergorlay, entendu comme témoin, a confirmé ces déclarations et a dit qu'il avait corrigé lui-même les épreuves de ces journaux en ce qui concernait cette lettre.

« Mais postérieurement interrogé sur mandat de comparution, il a décliné la compétence du tribunal.

« La chambre des vacations du tribunal de première instance du département de la Seine a, le 29 octobre dernier, rendu ordonnance par laquelle elle s'est déclarée compétente, et a mis le comte de Kergorlay, de Brian, Genoude et Lubis en prévention du délit d'excitation au mépris et à la haine du Gouvernement du Roi.

« La Cour, après en avoir délibéré;

« Vu l'article 29 de la Charte constitutionnelle, qui dispose qu'aucun Pair ne peut être arrêté que de l'autorité de la Chambre (des Pairs), et jugé que par elle en matière criminelle;

« Vu la loi du 31 août 1830, qui fixe à un mois le délai pour la prestation du serment par les membres de la Chambre des Pairs;

« Attendu que ce délai n'était point expiré les 25 et 27 septembre, lors de la publication de la lettre dont il s'agit, et du commencement des poursuites, à raison de ladite publication; attendu qu'à cette époque le comte de Kergorlay était membre de la Chambre des Pairs et n'était soumis qu'à la juridiction de ladite Chambre, en matière criminelle; que la déchéance par lui encourue postérieurement par la non-prestation du serment n'a pu lui enlever le droit qui lui était acquis, d'être jugé par ladite Chambre, et le soumettre à une juridiction incompétente à l'époque du délit à lui imputé;

« Attendu que les complices d'un délit doivent nécessairement, quant à la juridiction, suivre le sort de l'accusé principal;

« Déclare nulle et incompétemment rendue l'ordonnance de la Chambre du conseil du 29 octobre dernier; se déclare incompétente pour statuer sur les délits imputés au comte de Kergorlay, de Brian, Genoude et Lubis; ordonne que les pièces seront, par le procureur général, transmises à qui de droit;

« Ordonne que le présent arrêt sera exécuté à la diligence du procureur général.

« Fait en cour royale, au Palais de justice, à Paris, le 5 novembre 1830, en la chambre du conseil de la chambre d'accusation où siégeaient M. le baron Séguier, Pair de France, premier président; M. de Haussy, président de la chambre des appels de police correctionnelle, MM. Silvestre de Chanteloup, Monmerqué, de la Huproye, Gabaille, Dameuve, Faure, Philipon, Janod, Moreau, Grandet, conseillers; MM. Jurien et des Closeaux, conseillers-auditeurs, ayant voix délibérative, lesquels ont signé le présent arrêt avec M.ᵉ Gorjeu, greffier.

« Pour expédition conforme, délivrée à M. le procureur général, ce requérant.

Pour le Greffier en chef,

B. DE JURANVIGNY.

———

5. — *Ordonnance du Roi du 9 novembre 1830.*

« LOUIS-PHILIPPE, Roi des Français, à tous présens et à venir, SALUT.

« Considérant que le comte de Kergorlay, ex-pair de France, et les sieurs Brian, Genoude et Lubis, sont poursuivis comme auteur et complices du délit prévu par l'article 4 de la loi du 25 mars 1822 ;

« Vu l'arrêt du 5 novembre dernier par lequel la cour royale de Paris s'est déclarée incompétente pour juger le comte de Kergorlay et ses co-prévenus, en se fondant sur ce que le premier n'avait point encore perdu sa qualité de Pair de France à l'époque du délit qui lui est imputé ;

« Sur le rapport de notre Garde des sceaux, Ministre secrétaire d'État au département de la justice,

« NOUS AVONS ORDONNÉ et ORDONNONS ce qui suit :

« ART. 1ᵉʳ. La Cour des Pairs est convoquée.

« Les Pairs absens de Paris seront tenus de s'y rendre immédiatement, à moins qu'ils ne justifient d'un empêchement légitime.

« ART. 2. Cette Cour procédera sans délai au jugement du comte de Kergorlay, ex-pair de France, de Brian, Genoude et Lubis, comme prévenus d'avoir publié la lettre en date du 23 septembre, signée le *comte de Kergorlay, Pair de France,* et insérée dans *la Quotidienne* du 25 septembre et dans la *Gazette de France* du 27 du même mois, et de s'être, par là, rendus coupables du délit prévu par l'article 4 de la loi du 25 mars 1822.

« ART. 3. Elle se conformera, pour l'instruction et

le jugement, aux formes qui ont été suivies par elle jusqu'à ce jour.

« ART. 4. M. Persil, notre procureur général en la Cour royale de Paris, remplira les fonctions de notre procureur général près la Cour des Pairs.

« Il sera assisté de M. Berville, premier avocat général en la même cour, faisant les fonctions d'avocat général, et chargé de remplacer le procureur général en son absence.

« ART. 5. Le garde des archives de la Chambre des Pairs et son adjoint rempliront les fonctions de greffiers près notre Cour des Pairs.

« ART. 6. Notre Président du Conseil des Ministres et notre Garde des sceaux, Ministre Secrétaire d'État au département de la justice, sont chargés, chacun en ce qui le concerne, de l'exécution de la présente ordonnance, qui sera insérée au Bulletin des lois.

« DONNÉ à Paris, au Palais-Royal, le 9 novembre 1830.

« *Signé* LOUIS-PHILIPPE.

« Par le Roi :

« *Le Garde des sceaux, Ministre Secrétaire d'État au département de la justice,*

« *Signé* DUPONT (de l'Eure). »

6. — *Arrêt de la Cour des Pairs du 15 novembre 1830.*

« La Cour, vu l'ordonnance du Roi en date du 9 novembre présent mois ;

« Vu le réquisitoire du procureur général en date du 10 du même mois ; ledit requisitoire ainsi conçu :

« Nous procureur genéral du Roi près la Cour « des Pairs,

« Vu l'ordonnance du Roi en date du 9 de ce « mois par laquelle la Chambre des Pairs est con- « voquée en cour de justice pour procéder au « jugement des sieurs comte de Kergorlay , ex- « pair de France, de Brian , Genoude et Lubis , « comme prévenus d'avoir publié la lettre en date « du 23 septembre 1830 , signée comte de Ker- « gorlay , Pair de France , et insérée dans la *Quo- « tidienne* du 25 septembre 1830 , et dans la *Ga- « zette de France* du 27 du même mois, et de s'être « par là rendus coupables du délit prévu par l'ar- « ticle 4 de la loi du 25 mars 1822 ;

« Requérons qu'il plaise à M. le Président de la « Chambre des Pairs indiquer le jour auquel nous « pourrons faire citer les sieurs comte de Kergorlay, « de Brian, Genoude et Lubis , devant la Cour , « pour répondre aux faits qui leur sont imputés.

« Fait à Paris , le 10 novembre 1830.

« *Signé* C. Persil. »

« Après en avoir délibéré :

«Ordonne qu'elle se réunira en audience publique le lundi 22 de ce mois , à midi ; auquel jour le comte de Kergorlay , de Brian , Genoude et Lubis seront cités , à la requête du procureur général , à comparaître devant la Cour.

« FAIT au palais de la Cour des Pairs à Paris , le 15 novembre 1830 , en la chambre du conseil où siégeaient MM. &c. »

www.ingramcontent.com/pod-product-compliance
Ingram Content Group UK Ltd.
Pitfield, Milton Keynes, MK11 3LW, UK
UKHW022048170726
13837UKWH00002B/842